KB262569

여행필수

이란어 회화

엮은이 김 영 연

외국어도서전문

1945
MYM
문예림

김 영 연

약력　　　한국외국어대학교 졸업
　　　　　이란 티헤란 대학교 외국인 어학과정 수료
　　　　　이란 정신문화원 객원연구원, 비교문학(구미문학) 박사
역 · 저서　"땅의 저주", "페르시아(이란)어 강독" 등 다수
논문　　　"한국에 수용된 천일야화 연구" 등 다수

여/행/필/수
이란어 회화

초판 1쇄 인쇄 / 1999년 10월 1일

초판 1쇄 발행 / 1999년 10월 5일

저자 / 김영연

발행인 / 서덕일

발행처 / 도서출판 문예림

출판등록 / 1962년 7월 12일 제 2-110호

주소 / 서울 광진구 군자동 195-21호 문예B/D 201호

전화 / 02-499-1281~2

팩스 / 02-499-1283

ISBN 89 - 7482 - 110 - 9 (12790)

이란은 오랜 역사를 지닌 전통의 나라이다. 1935년 '페르시아'라고 하는 국명을 '이란'으로 개명한 후, 이란 왕정은 다시 1979년 2월 이슬람 혁명으로 '이란 이슬람 공화국'으로 정체가 바뀌어 오늘에 이르고 있다. 흔히 '페르시아'와 '이란'을 다른 국명으로 이해하고 있으나 이는 동일한 나라를 의미한다.

이란 우리나라 국토의 약 8배에 달하는 광활한 영토에 석유를 비롯한 풍부한 자연 자원을 가지고 있다. 더우기 1988년 이락과의 전쟁이 끝난 후 경제 재건과 산업확장을 위해 노력하고 있으며, 오늘에 와서는 대 선진국과의 정치적 관계가 정상화되는 조짐을 보이고 있다.

이란의 인구는 약 6,200만 명에 이르고 경제구조상 중동 지역국가들 중에서는 소비 시장이 큰 것으로 분석하고 있다. 또한 이란 사회와 이란인들이 전통적으로 가족과 혈연을 중시하는 의식이라든가 관습적인 생활과 식문화 등에서 한국인과 매우 유사하여 여러 가지 면에서 공감대를 가질 수 있는 나라이다.

이란의 국어이자, 공용어를 '훼르씨'라 한다. 이를 다시 말하면 '이란어' 또는 '페르시아어'라고 번역할 수 있다. 이란 즉, 과거의 페르시아에서 쓰는 표준어라는 의미로 인도·유럽어족에 속하며 굴절어에 속한다. 이란어는 서기력 7세기경에 아랍 이슬람군에 의해 정복되어 종교 외에 이슬람화된 영향이 언어에 반영되어 아랍어의 28개 문자에 기초하여 순수한 이란어 4자가 첨가된 문자이다. 그러므로 아랍어와 마찬가지로 오른쪽에서 시작하여 왼쪽으로 써 나가는 글이다. 그리고 글쓰기에서는 모음을 표시하지 않고 자음만이 정서되어 자음만으로 구성된 언어라 해드 과언이 아니다.

또한 문어와 구어의 차이가 다소 있으므로 초보자들에게는 생소하게 느껴질 수 있는 언어이다. 그러나 문법체계는 단순하여 이란어를 익히는데 별 장애가 되지 않는다.

이 소책자는 이란에 관심이 있거나 여행 또는 그곳에서 생활하는 한국인들이 그들과 보다 올바른 의사소통을 하는 데 도움이 되기를 바라는 의도에서 엮었다. 특히 이란인들은 자기 나라 언어에 자긍심을 갖고 있어, 이란어의 언어생활을 바르게 이해시키고 정확한 구어 발음을 알리기 위한 노력으로 한국외국어대학교 이란어과의 시간강사로 계신 Fateme Yusefi교수의 도움을 받았다. 아울러 지면을 통해 감사드리며, 이 책은 문어의 문장들을 일상인들의 구어 발음으로 표기된 회화집이므로 생활 이란어를 배우고자 하는 분들에게 작으나마 도움이 된다면 더 없는 기쁨이 될 것이다.

　끝으로 보편화되지 않은 외국어에 관심을 가지고 출판해 주신 문예림의 서덕일 사장님께 감사드린다.

1999년 9월

엮은이

차 례

머리말

I 이란(페르시아)어의 문자와 발음

[1] 알파벳 · · · · · · · · · · · · · · · · · **9**

[2] 자음 · · · · · · · · · · · · · · · · · **12**

[3] 모음 · · · · · · · · · · · · · · · · · **16**

[4] 그밖의 부호 · · · · · · · · · · · · · · **19**

[5] 이란어의 문장 구성 · · · · · · · · · · **20**

II 회화

[1] 인사말 · · · · · · · · · · · · · · · · · **23**

[2] 일상회화 · · · · · · · · · · · · · · · · **29**

[3] 교통관계(육, 해, 공, 세관) · · · · · · · **131**

[4] 숙박(호텔, 레스토랑) · · · · · · · · · **147**

[5] 관광 · · · · · · · · · · · · · · · · · · · **165**

[6] 물건사기 · · · · · · · · · · · · · **177**

[7] 질병 · · · · · · · · · · · · · · · · · **201**

[8] 우편 · · · · · · · · · · · · · · · · · **210**

[9] 방문 · · · · · · · · · · · · · · · · · **216**

[10] 날씨 · · · · · · · · · · · · · · · · **223**

[11] 시간 · · · · · · · · · · · · · · · · **229**

[12] 기타표현 · · · · · · · · · · · **233**

Ⅲ 부록

[1] 숫자 · · · · · · · · · · · · · · · · · **243**

[2] 세기, 년, 월, 주, 일 · · · · · · · · · · **245**

[3] 신체 각 부분 · · · · · · · · · · · **251**

[4] 동물 · · · · · · · · · · · · · · · *256*

[5] 생선류 · · · · · · · · · · · · *259*

[6] 조류 · · · · · · · · · · · · · · *259*

[7] 곤충류 · · · · · · · · · · · · *261*

[8] 나무와 꽃들 · · · · · · · · · · *262*

[9] 야채류 · · · · · · · · · · · · *263*

[10] 과일류 · · · · · · · · · · · · *265*

[11] 자연현상 · · · · · · · · · · · *266*

[12] 국명, 지경 · · · · · · · · · · *269*

I 이란(페르시아)어의 문자와 발음

이란(페르시아)어의 문자와 발음

　현재 이란에서 통용하는 언어를 흔히 지역적으로 명명하여 이란(페르시아)어라 칭한다. 페르시아란 1935년 개칭한 오늘날 이란의 옛 국명이다. 또한 언어학의 계통적 분류에 의하면 인도 이란어파에 속하는 페르시아어가 오늘날 현대이란어의 모체이다. 이 언어의 유형적 분류로 구별하면 인구어족의 모든 언어가 그렇듯이 굴절어에 속한다.

1. 알파벳

　이란어 문자는 아랍어에서 차용한 28자에 순수한 이란어 문자 4자를 첨가하여 32자로 구성되어 있다. 그 표기를 보면 다음과 같다.

문자명	단독형	처음형	중간형	마지막형	음가
alēf	ا	‍	‍	ا	ā, a, e, o
bē	ب	بـ	ـبـ	ـب	b
pē	پ	پـ	ـپـ	ـپ	p
tē	ت	تـ	ـتـ	ـت	t
sē	ث	ثـ	ـثـ	ـث	s
jim	ج	جـ	ـجـ	ـج	j
chē	چ	چـ	ـچـ	ـچ	ch
hē	ح	حـ	ـحـ	ـح	h
khē	خ	خـ	ـخـ	ـخ	kh
dāl	د	ـد	ـد	ـد	d
zāl	ذ	ـذ	ـذ	ـذ	z
rē	ر	ـر	ـر	ـر	r
zē	ز	ـز	ـز	ـز	z
zhē	ژ	ـژ	ـژ	ـژ	zh
sin	س	سـ	ـسـ	ـس	s
shīn	ش	شـ	ـشـ	ـش	sh

문자명	단독형	처음형	중간형	마지막형	음가
sād	ص	ص	ص	ص	s
zād	ض	ض	ض	ض	z
tā	ط	ط	ط	ط	t
zā	ظ	ظ	ظ	ظ	z
ein	ع	ع	ع	ع	a, e, o
ghein	غ	غ	غ	غ	gh
fē	ف	ف	ف	ف	f
qāf	ق	ق	ق	ق	q
kāf	ک	ک	ک	ک	k
gāf	گ	گ	گ	گ	g
lām	ل	ل	ل	ل	l
mīm	م	م	م	م	m
nūn	ن	ن	ن	ن	n
vāv	و	و	و	و	v, ū, ou
hē	ه	ه	ه	ه	h
yē	ی	ی	ی	ی	y. ī, ei

위의 32개의 문자는 모두 자음의 기능을 한다. 그 가운데 3자인 alef, vav, ye는 모음의 음가를 가진다. 이란어는 정서법상 모음을 표기하지 않는다. 다시 말해, 우리글의 '아버지'와 '오부자'를 그 예로 들 때 두 단어를 이란어의 정서법으로 쓰면 'ㅇ ㅂ ㅈ', 'ㅇ ㅂ ㅈ' 즉, 자음만을 쓰고 모음인 ㅏ, ㅓ, ㅣ와 ㅗ, ㅜ, ㅏ는 표기하지 않는다. 따라서 이란어는 자음만으로 구성된 언어라 정의할 수 있다. 그러므로 초보자들은 문자의 정서법과 함께 모음의 음소에 각별히 주의해야 한다.

그리고 문자는 오른쪽에서 왼쪽으로 쓰며, 낱말안에 놓이는 위치에 따라 모양이 변한다. 위와같이 처음형(頭字), 중간형(中字), 마지막형(尾字), 단독형이 있다.

2. 자음

1) alef(ﺍ) : 우리말의 이응과 같은 음을 갖고 있다. 낱말의 중간과 끝에 오는 경우는 모음의 "어"음이 된다. 오른쪽에 오는 문자와는 연결된다. 그러나 왼쪽에 오는 문자와는 연결되지 못한다.

2) be(ﺐ) : 우리말의 ㅂ과 같은 음이다.

3) pe(ﭖ) : 우리말의 ㅍ음이며, 오른쪽과 왼쪽에 오는 문자와 연결되어 쓰인다.

4) te(ﺖ) : 우리말의 ㅌ음과 유사하며, 오른쪽과 왼쪽
   에 오는 문자와 연결된다.
5) se(ﺚ) : 영어의 sun의 s와 같은 음으로 우리말의
   ㅆ과 유사하다. 15)sin와 17)sad의 S음과 동일한 자
   음이다.
6) jim(ﺝ) : 영어의 jam의 j와 같은 음이며, 우리말의
   ㅈ음을 내며 윗 치아와 아래 치아를 살짝 부딪히면
   가장 유사한 음이 된다.
7) che(ﭺ) : 우리말의 ㅊ음과 같다. 영어의 church의
   ch의 음과도 유사하다.
8) he(ﺡ) : 우리말의 ㅎ음과 영어의 h와 같은 음이다.
9) khe(ﺥ) : 목구멍 안쪽을 마찰해서 나오는 강한 h
   음으로 독일어의acht의 ch음이며, 보통 국제 음성학
   회 음운[x]를 표기하는 소리와 같다.
10) dal(ﺩ) : 우리말의 ㄷ음으로 1)alef와 마찬가지
   로 오른쪽에 오는 문자와는 연이어 쓰지만 왼쪽에
   오는 문자와는 분리되어 처음형으로 쓴다.
11) zal(ﺫ) : 영어의 z음과 같은 음이며, 13) ze, 18)
   zad, 20)za와 같은 음가이다. 이 문자도 1) alef,
   10) dal, 11) zal과 같은 정서법이 적용된다.
12) re(ﺭ) : 영어의 r과 같은 음이고, 우리말의 ㄹ음
   을 강하게 소리내면 가장 유사한 음이 된다. 1)alef,

10) dal, 11)zal과 같은 정서법이 적용되는 문자이
다.

13) ze(ز) : 영어의 z와 같은 음이고, 이 자음 역시
1)alef, 10) dal, 11) zal, 12) re과 같은 정서법이
적용된다.

14) zhe(ژ) : 영어의 pleaure의 s음과 같고, 불어의
jour의 j와도 같은 음이다. 1) alef, 10) dal, 11)
zal, 12) re과 같이 정서된다.

15) sin(س) : 우리말의 ㅆ음이며, 5) se 의 음과 같은
음가를 가진다. 영어의 sun의 s와도 유사한 음이
다.

16) shin(ش) : 우리말의 '쉬' 음과 같으며, 영어는 sh
와 같은 음이 된다.

17) sad(ص) : 앞서 5)se, 15)sin의 자음과 동일한 음
가이며, 우리말의 ㅆ음과 같다.

18) zad(ض) : 영어의 z와 같은 음이며, 앞의 11)zal,
13)ze와 동일한 음가를 갖고 있다.

19) ta(ط) : 우리말의 ㅌ음이며, 영어의 t보다 약간
가벼운 소리를 내면 가장 유사한 음이 된다. 4)te와
같은 음가이다.

20) za(ظ) : 영어의 z음이며, 11)zal, 13) ze
18)zad의 알파벳의 음가와 통일하다.

21) ein(ع) : 성문폐쇄음으로, 1)alef의 이응의 음이

약간 끊어지도록 성문을 닫아 소리내면 가장 유사한 음을 낼 수 있다. 이 자음을 음가로보아 모음으로 착각하는 경우가 많아 반드시 주의해야 할 알파벳 중의 하나이다.

22) ghein(غ) : 구개순음으로 성문 안에서 발음되는 g의 된소리이다.

23) fe(ف) : 무성 마찰음으로 영어의 f와 같은 음이다.

24) qaf(ق) : 유성 마찰음으로 성문 안에서 발음되는 k음 또는 q음 인데 현대이란어에서는 몇 개의 단어를 제외하고는 거의 〔gh〕로 발음된다.

25) kaf(ک) : 우리말의 ㅋ음과 같은 음이다. 이 자음에 모음 ㅏ가 붙으면 '카' 로 발음하지 않고 '캬' 로 발음되는 것을 유의해야 한다.

26) gaf(گ) : 우리말의 ㄱ의 약간 가벼운 소리이다. 25) kaf와 마찬가지로 모음 ㅏ가 붙으면 '가' 로 발음하지 않고 '갸' 로 발음한다.

27) lam(ل) : 우리말의 ㄹ음과 같다. 이 자음이 낱말 가운데 온 경우에는 두번 발음이 된다. 예를 들면, '싸럼' 이라 쓰고 발음은 '쌀럼' 이 된다.

28) mim(م) : 유성 비음으로 우리말의 ㅁ음과 같다.

29) nun(ن) : 치음으로 우리말의 ㄴ음과 같다.

30) vav(و) : 영어의 v 또는 w와 같은 음이며, 현대이란어에서는 v음을 많이 사용한다. 이 문자는 모음

도 된다. 단, 이 자음이 9)khe와 1)alef의 사이에
위치하면 묵음이 된다. 1)alef, 10)dal, 11)zal,
12)re, 13)ze, 14)zhe와 같은 정서법이 적용되는
문자이다.

31) he(ㅇ) : 우리말의 ㅎ음과 같다. 앞의 8)he와 같
은 음가를 가지고 있는 자음이다. 이 문자가 단어의
마지막에 올때 두가지 음을 내는데 하나는 묵음이
되는 경우이고, 나머지는 유음이 되는 경우이다. 묵
음은 '에'을 내는데, 바로 앞의 문자가 자음(32개의
알파벳 중에 29개의 문자)가 오는 경우에 적용된
다. 그 반면에 모음의 기능도 함께 나머지 3개의 문
자(alef, vav, ye)가 오면 본래의 음가인 ㅎ음을 낸
다.

32) ye(ㅅ) : 영어의 y와 같은 음이다. 이 자음에 모음
ㅏ가 붙으면 'ya'가 되고, 모음 ㅖ가 붙으면 'ye'가
되고, 모음 ㅗ가 붙으면 'yo'가 된다. 이 자음은 모
음도 된다.

3. 모음

이란어는 문법학자에 따라 모음을 2종류(단모음과 장모
음) 또는 3종류(단모음, 장모음과 이중모음)로 분류한

다. 그러나 본 책자에서는 이해의 폭을 넓힌다는 의도와
현대 문법의 일반적인 견해로 다음과 같이 분류한다.

1) 단모음

ㅏ, ㅔ, ㅗ 3가지가 있다. 이 모음들은 앞서 쓴 대로 문자
로 표기되지 않고 부호로 대신한다.

① - '아'

32개의 문자위에 '아'의 음가를 갖고 있는 화테(fathe)
또는 제바르(zebar)라 불리는 모음부호가 붙으면 'ㅏ'음
을 넣어 소리 낸다.

② - '에'

32개의 문자위에 '에'의 음가를 갖고 있는 캬쓰레
(kasre) 또는 지르(zir)라 불리는 모음부호가 붙으면
'ㅔ'음을 넣어 소리낸다.

③ - '오'

32개의 문자위에 '오'의 음가를 갖고 있는 잠메(zamme)
또는 피쉬(pish)라 불리는 모음부호가 붙으면 'ㅗ'음을
넣어 소리낸다.

2) 장모음

ㅓ, ㅜ, ㅣ 3가지가 있다. 이 모음들은 문자로 표기되어
위의 단모음에 비해 구별하기가 쉽다.

① - '어[a:]'

이란어의 알파벳중 1)의 alef가 32개의 자음과 연결되면
'어'의 음가를 가지게 되어 모든 음이 장음을 내게 된다.
예를 들면, alef와 연결되어 '어ː[aː]'음, 2)의 be와 연
결되어 '버ː[baː]'음이 된다.

② - '우[uː]'
알파벳 중 30)의 vaːv와 32개의 자음과 연결되면 '우
[uː]'의 음가를 갖는다. 때로는 차용어와 외래어일 경우
단모음 '오[o]'의 음을 가질 수도 있다.

③ - '이[i]'
알파벳 중 32)의 ye와 32개의 자음과 연결되면 '이[iː]'
의 음가를 낸다.

3) 이중모음

대개 차용어와 외래어에 적용되었는데 '에이[ei]'와 '오
우[ou]' 2가지이다. 단어의 첫음에서 [ei]음이 나는 경
우는 알파벳 alef와 ye가 올 때이고, 중간과 마지막에 그
음이 올때는 32개의 자음과 ye가 연결될 때이다.

'오우[ou]' 음이 단어의 첫음에서 날 때는 alef와 vav가
연결된 음절기 경우이다. 그리고 중간과 마지막에서 이
러한 음이 오는 경우는 32개의 자음과 vav가 연결된 음
절일 때이다.

4. 그 밖의 부호

1) 함제(hamze)

알파벳의 31)의 he가 묵음이 될 때 그 위에 붙어서 수식이나 소유의 관계를 나타내는 문법적 부호로서 ye로 발음하고 그것이 부정관사일 경우는 i음이 된다.

2) 소쿤(sokun)

이란어의 조어는 자음＋모음＋자음＋자음 까지 올 수 있다. 다시 말해 끝에 오는 자음이 두개까지 연결될 수 있어 완전 자음임을 나타내기 위해서 그 문자위에 이 부호가 붙으면 반드시 자음으로 소리내어야 한다.

3)타쉬디드(tashdid)

이 부호가 자음위에 붙으면 그 음을 겹쳐서 소리낸다. 그러므로 이란어의 조어법에 따라 하나는 자음, 하나는 모음이 되는 경우가 있고 혹은 반대로 적용되는 경우도 있다.

4)탄빈(tanvin)

alef 위에 붙어서 〔an〕이라고 발음된다. 본래 아랍어에서 차용된 부사어미에 사용된다.

그 밖의 발음상의 주의 할 점은

1)alef와 ein이 자음으로 사용될 때 발음이 매우 유사하기 때문에 의식적으로 ein의 발음을 낼 때 숨을 약간 끊어서 성문을 닫고 소리내어야 한다.

2)nun과 gaf가 연결된 음이 〔ŋ〕이 된다.

3)kaf로 끝나는 낱말은 다른 자음에 비해 〔k〕음을 약간 강하게 낸다.

5. 이란어의 문장구성

이란어의 문장형식은 다른 인구어족에 비해 어순이 자유롭다. 문장의 형태를 간단히 설명하면 다음과 같다.

1) 주어 + 보어 + 술어

2) 주어 + 목적어 + 술어

3) 주어 + 직접목적어 + 간접목적어 + 술어(또는 직접목적어와 간접목적어의 순서가 바뀔 수 있다)

4) 주어 + 시간의 부사어 + 장소의 부사어 + 술어

II 회화

1 인 사 말

　이란인들은 전통적으로 만날때마다 인사 나누기를 좋아한다. 게다가 인삿말의 다양한 표현과 여러 사람에 대한 관심은 안부 묻기에 많은 시간을 할애한다. 거리와 직장에서 자주 만나는 관계라 할지라도 인사는 반드시 나눈다. 그러므로 인사말은 매우 다양하다.

　거리에서 흔히 볼 수 있는 매우 이란적인 장면으로 경찰관이 교통을 지도하다 운전하던 친구를 만나면 뒷 차의 형편은 아랑곳하지 않고 안부 인사를 장시간 나눈다. 그러다 보면 교통이 지체되게 되지만 누구도 이러한 상황을 재촉하는 운전자는 없다.

1. 안녕하세요.(여자를 총칭)

쌀럼 커놈

1 – سلام ، خانم.

2. 안녕하세요.(남자를 총칭)

쌀럼 어거

2 – سلام، آقا.

3. 안녕하세요.(아침인사)

쏩 베케히르

3 – صبح بخیر.

4. 안녕하세요.(점심인사)

루즈 베케히르

4 – روز بخیر.

5. 안녕하세요.(저녁인사)

삽 베케히르

5 – شب بخیر.

6. 안녕히 가세요. 안녕히 계세요.

코더 허훼즈(코더 네갸흐더르)

6 – خدا حافظ(خدا نگهدار).

7. 안녕하세요.(상대방을 지칭)

7 – حال شما چطور است؟

헐레쇼머 체토레?

※ '쇼머(당신)'는 인칭대명사로 나(만), 너(토), 그. 그녀(우), 우리(머), 그들(언 허, 이순)로 표현될 때는 각 인칭에 따라 바뀌게 된다.

8. 안녕하세요.(상대방을 지칭)

8 – احوال شما ؟

아흐벌레 쇼머?

※ 존칭을 나타낼 때 사용합니다.

9. 안녕하세요?(상대방을 지칭)

9 – حالتان خوب است ؟

헐레툰 쿠베?

10. 어떻게 지내셨어요?

10 – چطور گذراندید؟

체토르 고자룬딘?

11. 잘 지내세요?

11 – خوش گذشت ؟

코쉬 고자쉬트?

12. 덕분에 잘 지냅니다.

12 – الحمدوللّه، خوبم.

알함돌렐러 쿠밤

13. 좋은 여행이 되세요.

13 – سفر بخير.

싸화르 베케이르

14. 즐겁게 보내세요.

14 – خوش بگذرانيد.

코쉬 보고자루닌

15. 건강하세요.

15 – سلامت باشيد.

쌀러마트 버쉰

16. (매사에) 성공하시기를…

16 – موفق باشيد.

모바화 버쉰

17. 안녕하시기를… (건강을 해치지 않으시기를…)

17 – خسته نباشيد.

카스테 나버쉰

※ 이 표현은 자주 만나는 관계에서 만날때마다 쓸 수 있는 인사말이다. 직역
을 하면 '피르하지 않기를…' 이다. 직장이나 학교에서 많이 들을 수 있다.

그 대답으로는 '대단히 감사합니다(케일리 맘눈), 당신도 역시(쇼머 함 함쵸
닌)'가 된다.

18. 안녕히 가세요. 안녕히 계세요.

18 – فعلا خدا حافظ.

훼엘란 코더 허훼즈

※ 이 표현은 자주 만나는 관계에서 인사말과 함께 작별할 때 그 대답으로 직
역을 하면 '(언제 다시 만날 수 있겠지만) 지금으로서 안녕'이 됩니다.

19. 안녕히 가세요. 안녕히 계세요.

19 – قربان شما.

고르부네 쇼머

※ 이 표현의 직역은 '(나는) 당신의 희생양'으로 그만큼 당신을 위해 죽을 각
오가 되어있다는 의미이다. 요즈음의 세대들은 전에 비해 많이 사용하지 않
으며 동성간이나 노년층에서 자주 쓰인다.

20. 고맙습니다.

20 – مرسی.

메르씨

21. 대단히 고맙습니다.

21 – خیلی ممنونم.

케일리 맘누남

22. 고맙습니다.

22 – تشكر ميكنم، متشكرم.

타쇄코르 미코남, 모차케람

23. 천만에요.

23 – خواهش می کنم.

커헤쉬 미코남

24. 부탁합니다.

24 – خواهش می کنم.

커헤쉬 미코남

25. 미안합니다.

25 – ببخشيد، ميبخشيد.

베바크쉰, 미바크쉰

26. 죄송합니다.

26 – عذر می خواهم.

오즈르 미큄

27. 제발.

27 – لطفا.

로트환

1. 거기 누구세요?

‏1 - ‏کیست ؟

키예?

2. 집에 누가 있어요?

‏2 - ‏در خانه کی هست؟

다르 쿠네 키 하스트?

3. 아무도 없어요.

‏3 - ‏هیچکس نیست.

히치캬스 니스트.

4. 누구나 그(것)를 좋아합니다.

‏4 - ‏همه از آن خوششان می آید.

하메 아즈 운 호쉐쉰 미어드.

5. 누가 당신에게 그렇게 말했습니까?

‏5 - ‏کی به شما اینطور گفته است؟

키 베 쇼머 인토르 고프테?

6. 누가 방금 도착했습니까?

6 - کی تازه رسیده است؟

키 터제 레씨데?

7. 누가 방금 도착했는지 나는 모릅니다.

7 - نمی دانم که کی تازه رسیده است.

네미더남 케 키 터제 레씨데.

8. 나는 약 2000토만이 필요합니다.

8 - تقریبا ۲۰۰۰ (دو هزار) تومان لازم دارم.

타그리반 도 헤저르 투만 러젬 더람.

9. 그것은 약 이틀이 필요합니다.

9 - در حدود ۲(دو) روز طول می کشد.

다르 호두데 도 루즈 툴 미케쉐.

10. 약 얼마나 걸릴까요?

10 - چقدر طول می کشد؟

체가드르 툴 미케쉐?

11. 나는 사진찍기를 원합니다.

11 - می خواهم عکس بگیرم.

미컴 아크스 베기람.

12. 여기서 사진찍어도 되겠습니까?

12 - آیا می شود در اینجا عکس گرفت؟

어여 미쉐 다르 인저 아크스 게레후트?

13. 나는 옷을 갈아입고 싶습니다.

۱۳ - می خواهم لباسم را عوض کنم.

미컴 레버쌈 러 아바즈 코남

14. 지금 나는 옷을 입을 준비를 해야합니다.

۱۴ - حالا باید آماده لباس پوشیدن بشوم.

헐러 버야드 어머데 레버스 푸쉬단 베

15. 당신은 충분히 따뜻합니까?

۱۵ - کاملا گرم هستید؟

커멜란 갸르므 하스틴?

16. 당신(나이든 남자)은 언제 도착했습니까?

۱۶- محسن آقا کی تشریف آوردید؟

모흐쎈 어거 케이 타쉬리후 어바르딘?

17. 언제 우리는 갑니까?

۱۷ - کی حرکت می کنیم؟

케이 하라캬트 미코님?

18. 언제 당신(젊은 남자)은 돌아옵니까?

۱۸- کی بر می گردید؟

케이 바르미갸르딤?

19. 그는 언제 준비가 될까요?

۱۹ - او کی آماده می شود؟

우 케이 어머데 미쒜?

20. 얼마나 많은 시간(이 걸리지요)?

20 - چقدر طول می کشد؟

체가드르 툴 디케쉐?

21. 몇 일 (걸립니까?)

21 - چند روز طول می کشد؟

찬드루즈 툴 미케쉐?

22. 당신(나이 든 남자)은 몇 명의 아이가 있습니까?

22 - ببخشند آقا شما چند تا بچه دارید؟

베바크쉰 더거 쇼머 찬드 터 바체 더린?

23. 나는 모릅니다.

23 - نمی دانم.

네미두남

24. 누가 당신에게 그렇게 말했습니까?

24 - کی بهتان این طور گفته بود؟

키 베헤툰 인토르 고푸테부드?

25. 왜 당신은 미리 나에게 말하지 않았습니까?

25 - چرا قبلا به من نگفتید؟

체러 가불란 베만 나고프틴?

26. 당신이 그 일을 하면, 당신은 벌받을 겁니다.

26 - اگر شما آن کار را بکنید سزایش را میبینید.

아게 쇼머 운 커러 보코닌 쎄저에쉬로 미비닌

27. 내 옷은 지저분합니다.

27 - لباسم کثیف است.

레버쌈 캬씨훼

28. 지금 나는 매우 바쁩니다.

28 - الان سرم شلوغ است.

알런 싸람 쇼루게

29. 그는 하루 종일 바쁜 것 같습니다.

29 - بنظرم می آید او تمام روز گرفتار است.

베나쟈람 미어드 우 타머메 루즈 게레후터러레

30. 지금 나는 한가합니다.

30 - الان بیکارم.

알런 비커람

31. 그 사람(나이든 남자)은 갑자기 나타났습니다.

31 - آن آقا سرزده آمد.

운 어거 싸르자데 우마드

32. 그 부인은 실신했습니다.

32 - آن زن غش کرد.

운 잔 게쉬 캬르드

33. 지금 당신은 어디에 살고 있습니까?

33 - الان شما در کجا زندگی می کنید؟

알런 다르 코저 젠데기 미코닌?

34. 지금 나는 테헤란에 살고 있습니다.

34 - در تهران زندگی می کنم.

다르 테흐런 젠데기 미코남

35. 지금 당신(나이든 남자)은 무엇을 합니까?

35 - شغل شما چیست؟

쇼글레 쇼머 치예?

36. 지금 나는 은행에서 일하고 있습니다.

36 - در بانک کار می کنم.

다르 벙크 커르 미코남

37. 당신은 살이 쪘군요.

37 - شما چاق شدید.

쇼머 처그 쇼딘

38. 나는 그 일에 대해 전혀 모릅니다.

38 - من راجع به آن موضوع(مسئله)هیچ نمی دانم.

만 러제 베 운 모주으(마쓰알레) 히치 네미두남

39. 나는 어떻게 말할지 모르겠습니다.

39 - نمی دانم چی بگویم.

네미두남 치 베걈

40. 물론 나는 알고 있습니다.

40 - البته که می دانم.

알바테 케 미두남

41. 당신(나이든 남자)이 아시는 바와 같습니다.

٤١ - من هم می دانم.

만 함 미두남

42. 당신은 저 사람을 압니까?

٤٢ - شما ایشان را می شناسید؟

쇼머 이슌러 미쉐너씬?

43. 예, 저는 알고 있습니다.

٤٣ - بله می شناسمش.

발레 미쉐너싸메쉬

44. 나는 보다 더 잘 알고 있습니다.

٤٤ - من بیشتربا ایشان آشنایی دارم.

만 비쉬타르 버 이슌 어쉬너이 더람

45. 나는 그가 어디에 있는지 압니다.

٤٥ - می دانم که او کجا است.

미두남 케 우 코저스트

46. 당신은 그 부인을 아십니까?

٤٦ - شما آن خانم را می شناسید؟

쇼머 운 커놈러 미쉐너씬?

47. 나는 버스 위에 우산을 잊고 놓아 두었습니다.

٤٧ - توی اتوبوس چترم را جا گذاشتم.

투예오토부스 차트람러 저 고저쉬탐

48. 왜 당신은 그렇게 걱정하십니까?

48 - چرا اینقدر نگرانید؟

체러 인가드르 네갸러닌?

49. 걱정마세요.

49 - نگران نباشید.

네갸런 나버쉰

50. 걱정할 이유가 없습니다.

50 - مسئله ای نیست نگران نباشید.

마스알레 니스트 네갸런 나버쉰

51. 나는 그 일을 알고 싶어 못견디겠습니다.

51-خیلی دلم می خواست که ازآن موضوع سر در بیاورم.

케일리 델람 미커스트 케 아즈운 모주우 싸르 다르 비어바람

52. 우리는 우리의 본분을 해야 합니다.

52 - ما باید وظایف خود عمل کنیم.

(ما باید وظایف خود را رعایت کنیم)

머 버야드 봐저예페 코드 아말 코님(머 버야드 바저예페 코드러 레어
야트 코님)

53. 당신은 프랑스어를 말할 줄 아십니까?

53 - شما فرانسوی را می دانید؟

쇼거 화런싸비러 미두닌?

54. 당신은 슬프게 보입니다.

‏54 - بنظر می آید شما ناراحتید؟‏

베나쟈르 미어드 쇼머 너하틴?

55. 당신은 슬픔을 느끼십니까?

‏55 - آیا احساس غمگینی میکنید؟‏

어여 에흐써쎄 감기니 미콘닌?

56. 그것은 좀 이상합니다

‏56 - آن یک کمی عجیب است.‏

운　캬미 아지베

57. 매일 나는 세끼를 먹습니다.

‏57 - هر روز سه وعده می خورم.‏

하르 루즈 쎄 바으데 미코람

58. 당신은 오늘 신문을 읽었습니까?

‏58 - شما امروز روزنامه را خواندید؟‏

쇼머 엠루즈 루즈너메러 쿤딘?

59. 오늘 나는 매우 바쁩니다.

‏59 - امروز من خیلی گرفتارم.‏

엠루즈 만 케일리 게레프터람

60. 그렇게 빨리 달리지 마세요.

‏60 - اینقدر تند ندو.‏

인가드르　톤드 나도

61. 당신은 확실하십니까?

61 - مطمئنی؟

모트마에니?

62. 나는 확실하지 않습니다.

62 - مطمئن نیستم.

모트마엔니스탐

63. 당신은 매우 열심입니다.

63 - شما خیلی پرکار هستید.

쇼머 케일리 포르커르 하스틴

64. 당신의 시계는 늦습니다.

64 - ساعت شما عقب است.

써아테 쇼머 아갑베

65. 우리 걸어갑시다.

65 - پیاده برویم.

피어데 베림

66. 여기는 매우 큰 도시입니다.

66 - اینجا شهر بزرگی است.

인저 솨흐레 보조르기예

67. 빨리 올라가세요.

67 - زود بالا بروید.

쥬드벌러 베린

68. 당신은 배저을 줄 아십니까?

68 – شما قایقرانی(قایق سواری) را بلدید؟

쇼머 거예러니(거예그싸버리) 러 발라딘?

69. 그를 놀리지 마십시오.

69 – او را مسخره نکن.

우러 마쓰카레 나콘

70. 개를 괴롭히지 마십시오.

70 – سگ را اذیت نکن.

싸그러 아지야트 나콘

71. 당신은 전혀 건강에 주의를 하지 않습니다.

71 – شما اصلا به سلامتی خودتان توجه ندارید.

쇼머 아쓰란 베 쌀러마티예 코데툰 타바죠흐 나더린

72. 나는 당신에게 그것을 보여 주겠습니다.

72 – من آن را به شما نشان می دهم.

만 운러 베 쇼머 네션 미다함

73. 나는 단지 약간의 영어를 말할 뿐 입니다.

73 – من فقط یک کمی انگلیسی را حرف می زنم.

만 화가트　　캬미엔글리씨러 하르후 미자남

74. 이것은 당신의 몫입니다.

74 – این سهم شماست.

인 싸흐메쇼머스트

75. 나의 꿈이 실현되었습니다.

75 - رویایم به عمل پیوست.

로으여얌 베 아말 페이바스트

76. 안녕하세요. 남자분, 부인, 아가씨, 젊은 남자분.

76 - سلام آقا ، خانم.

샬럼 어거/ 커눔

☞ 남,녀의 구분은 연령의 차이 없이 크게 2가지로 한다. '어
거(남성을 이름)' 와, '커눔(여성을 이름)' 이다.

77. 우리 영화보러 갑시다.

77 - برویم سینما.

베림 씨너머

78. 제일 좋은 극장이 어디에 있죠?

78 - بهترین سینما کجا هست؟

베흐타린 씨네머 코저 하스트?

79. 나는 견딜 수가 없습니다.

79 - طاقتم تمام شد.(تحمل ندارم)

터가탐 타멈 쇼드(타함몰 나더람)

80. 나에게 물 한잔 주세요.

80 - لطفا یک لیوان آب بدهید.

로트환   리번 업 베딘

81. 성냥을 주시겠습니까?

81 - میشود کبریت را بدهید؟

미쉐 케브리트러 베딘?

82. 나는 기꺼이 당신에게 그것을 빌려드리겠습니다.

82 - با دل و جان آن را به شما قرض می دهم.

버 델로전 우노 베 쇼머 가르즈 미담

83. 내가 소개를 하겠습니다. 이 분은 김씨입니다.

83 - ایشان را معرفی می کنم. ایشان آقای کیم هستند.

이슌러 모알레휘 미코남. 이순 어거예 킴 하스탄

84. 그렇게 빨리 말하지 말아주십시오.

84 - لطفا اینقدر تند حرف نزنید.

로트환 인가드르 톤드 하르후 나자닌

85. 더 빨리 가십시오.

85 - تندتر بروید.

톤드타린 베린

86. 나는 여기가 지나기 좋습니다.

86 - خوشم می آید از اینجا بگذرم.(گذر کنم)

코   미어드 아즈 인저 베저람(고자르 코남)

87. 앉으십시오.(나이든 남자분)

87 - بفرمایید بنشینید.

베화르머인 베쉬닌

88. 하산씨는 집에 계십니까?

۸۸ - آقای حسن در خانه تشریف دارند؟

어거예 하산 다르 쿠네 타쉬리프 더란?

89. 지금 나는 집에 돌아갈 겁니다.

۸۹ - همین الان به خانه بر می گردم.

하민 알런 베 쿠네 바르 미갸르담

90. 나는 열시부터 열두시까지 집에 있습니다.

۹۰ - من از ساعت ده تا دوازده در خانه خواهم
بود. (می مانم)

만 아즈 써가테 다흐 터 다버즈다흐 다르 쿠네 커함 부드(미머남)

91. (나이든 남자분)잠깐만 기다려 주십시요.

۹۱ - خواهش می کنم چند لحظه صبر کنید.

커헤쉬 미코남 찬드 라흐제 싸브르 코닌

92. 부인하지 마십시오.

۹۲ - امیدوارم مخالفت نکنی.

오미드버람 모커레화트 나코니

93. 잠시 기다리세요.

۹۳ - یک لحظه صبر کنید.

라흐제 싸브르 코닌

94. 내가 돌아올 때까지 기다려 주십시오.

94 - تا بر گردم منتظر باشید.

터 바르갸르담 몬타제르 버쉰

95. 불장난하지 마십시오.

95 - لطفا آتش بازی نکنید.

로트환 어타쉬버지 나코닌

96. 당신은 이 일에 관심을 가지세요.

96 - لطفا به این کار علاقه نشان دهید.

로트환 베 인 커르 알러게 네션 다힌

97. 일어날 시간이 되었습니다.

97 - وقت بیداری رسیده است.

바그테 비더리 레씨데

98. 나를 위해 짐을 준비해 주세요.

98 - اطف کنید برایم بارم را ببندید.

로트흐 코닌 바럼 버람러 베반딘

99. 손 좀 닦게 수건 하나 나에게 주십시오.

99 - لطفا یک حوله برای خشک کردن بدهید.

로트환   홀레 바러예 코쉬크 캬르단 베딘

100. 그 부인은 말을 너무 많이 합니다.

100 - ایشان خانم پرحرفی هستند.

이슌 커누메 몬르하르피 하스탄

101. 나는 아직 밥을 먹지 않았습니다.

101 - من هنوز غذا نخورده ام.

만 하누즈 가저 나코르데암

102. 당신은 (이제)알겠습니까?

102 - آیا شما بالاخره فهمیدید؟

어여 쇼머 빌라카레 화흐미딘?

103. 아직 파리에 가 본적이 한번도 없습니다.

103 - یک بار هم به پاریس نرفته ام.

버르 함 베 퍼리스 나라프테암

104. 끝났습니까?

104 - تمام شد؟

타멈쇼드?

105. 아직 끝나지 않았습니다.

105 - هنوز تمام نشده.

하누즈 타멈 나쇼데

106. 이 상자는 무엇이 담겨 있습니까?

106 - در این جعبه چی وجود دارد؟

다르 인 자아베 치 보주드 더레?

107. 그를 구짖지 마십시오.

107 - او را سر زنش نکنید.

우러 싸르자네쉬 나코닌

108. 나는 정오쯤에 돌아오겠습니다.

108 – تقریبا ظهر می آیم.

타그리반 죠흐르 미엄

109. 그것은 이틀쯤 걸립니다.

109 – آن کار در حدود دو روز طول می کشد.

운 커르 다르 호두데 도 루즈 툴 미케쉐

110. 대략 얼마나 걸리겠습니까?

110 – تقریبا چقدر طول می کشد؟

타그리반 체가드르 툴미케쉐?

111. 나는 차마 말할 수 없습니다.

111 – اصلا نمی توانم بگویم.

아스란 네미투남 베걈

112. 천만에요.

112 – خواهش می کنم(اختیار دارید.)

커헤쉬미코남(에크티어르 더린)

113. 나의 이름은 민입니다.

113 – اسم من مین است.

에스메만 민네

114. 당신의 이름은 무엇입니까?

114 – اسم شما چیست؟

에스메쇼머 치예?

115. 나는 단지 그 아가씨의 이름만 알고 있습니다.

‏**115** ‏- ‏من میخواهم فقط اسم ان خانم را بدانم.

만 미컴 화가트 에스메 운 커눔러 베두남

116. 당신을 만나게되어 매우 기쁩니다.

‏**116** ‏- ‏از دیدن شما خیلی خوشوقتم.

아즈 디다네 쇼머 케일리 코쉬바그탐

117. 우리 산책하러 갑시다.

‏**117** ‏- ‏برویم قدم بزنیم.

베림 가담 베자님

118. 나를 가르쳐 주세요.

‏**118** ‏- ‏به من یاد بدهید.

베만 여드베딘

119. 누가 당신에게 영어를 가르쳤습니까?

‏**119** ‏- ‏کی به شما انگلیسی را یاد داد؟

키 베쇼머 엔글리씨러 여드 더드?

120. 그는 매우 귀찮게 합니다.

‏**120** ‏- ‏او خیلی من را اذیت می کند.

우 케일리 마로 아지야트 미코네

121. (젊은 남자)당신은 증명할 수 있습니까?

121 - شما می توانید آن را تشخیص بدهید.

쇼머 미투닌 우노 타쉬키쓰 베딘?

122. 그는 비록 몸이 크지만 (그러나) 약합니다.

122 - با این که قوی بنظر برسد، ولی ضعیف می باشد.

버 인케 가비 베나쟈르 베레쎄, 발리 쟈이프 미버쉐

123. 당신이 아무리 건강하다 할지라도…

123 - هرچه تندرست باشی(سالم باشی)...

하르 치 탄도로스트 버쉬(쎌렘 버쉬)…

124. 왜 그 남자는 당신(젊은 남자)을 꾸짖습니까?

124 - چرا آن آقا شما را سرزنش میکند؟

체러 운 어거 쇼머러 싸르자네쉬 미코네?

125. 다른 기회에 나는 거기에 가겠습니다.

125 - در فرصت دیگر به آنجا خواهم رفت.

다르 호르싸테 디게 베 운저 커함 라프트

126. 그 아가씨는 귀엽습니다.

126 - آن دختر با نمک است.

운 도크타르 버 나마케

127. 이 모든 일의 원인은 무엇입니까?

۱۲۷ - علت تمام این جریان چیست؟

엘라테 타머게 인 자라연 치예?

128. 왜 당신(나이든 남자분)은 주저하십니까?

۱۲۸ - چرا دو دل هستید؟

체러 도 델 하스틴?

129. 벽의 세로 길이는 얼마입니까?

۱۲۹ - عرض دیوار چقدر است؟

아르제 디버레 체가드레?

130. 그것의 세로 길이는 10m입니다.

۱۳۰ - عرض آن ده متر است.

아르제 운 다흐 메트레

131. 그것은 길이가 200m입니다.

۱۳۱ - ارتفاع آن ۲۰۰(دویست) متر است.

에르테훠에 운 데비스트 메트레

132. 저 사람은 나에게 거짓말했습니다.

۱۳۲ - آن آقا سرم کلاه گذاشت.(به من دروغ گفت)

운 어거 싸람 콜러흐 고저쉬트(베 만 도루그 고프트)

133. 그것은 매우 더럽습니다.

133 – آن خیلی کثیف است.

운 케일리 캬씨페

134. 어찌되었던 간에 나에게 알려주세요.

134 – بهر حال بمن خبر بدهید.

베 하르 헐 베만 카바르 베딘

135. 그는 얼굴 모습이 잘 생겼습니다.

135 –او آدم خوش قیافه است.

우 어다메 코쉬기어훼에

136. 나를 용서해 주십시오.

136 – مرا ببخشید.

마러 베바크쉰

137. 이것을 어떻게 사용합니까?

137 – از این چطور استفاده میکنید؟

아즈인 체토르 에스테훠데 미코닌?

138. 그것은 나에게 쓸모 없습니다.

138 – آن برای من ارزشی ندارد.

운 바럼 아르제쉬 나더레

139. 이것은 무엇을 하는데 쓰입니까?

139 - این برای چی ارزش دارد؟

인 바러치 아르제쉬더레?

140. 당신은 지금 무엇을 할 작정입니까?

140 - الان شما چی کار خواهید کرد؟

알런 쇼머 치 커르 커힌 캬르드?

141. 잠깐만 덤추십시오.

141 - یک دقیقه توقف کنید.

다기게 탸바고프 코닌

142. 내 시계는 죽었습니다.

142 - ساعتم خوابیده است.

써아탐 커비데

143. 그것을 책상 밑에 두세요.

143 - آن را زیر میز بگذارید.

우노 지레 미즈 베저린

144. 그가 간것 같습니다.

144 - بنظرم می آید او رفته باشد.

베나자람 미어드 우 라프테 버쉐

145. 그렇다면…

145 - اگر...بود...

145. 아게… 부드 ….

146. 그것은 나에게 아무런 가치가 없습니다.

146 - آن برای من هیچ ارزشی ندارد.

운 바럼 히치 아르제쉬 나더레

147. 당신은 무엇인가 잃어버린 것이 있습니까?

147 - شما چیزی را گم کرده اید؟

쇼머 치지러 곰 캬르데인?

148. 당신은 그것을 어디서 잃어버렸습니까?

148 - کجا آن را گم کرده اید؟

코저 우노 곰 캬르데인?

149. 내게 대답을 빨리 해 주세요.

149 - به من زود جواب بدهید.

베만 쥬드 자법 베딘

150. 왜 당신은 대답하지 않았습니까?

150 - چرا جواب نمی دهید؟

체러 자법 네미딘?

151. 당신은 아프십니까?

151 - شما مریض هستید؟

쇼머 마리즈 하스틴?

152. 나의 마음 속에서부터…

152 - از دل و جان...

아즈 델로 존 ….

153. 알리씨는 나의 특별한 친구입니다.

153 - آقای علی دوست صمیمی من است.

어거예 알리 두스테 싸미미예 마네

154. 우리는 저쪽까지 갑시다.

154 - به آن سمت برویم.

베 운 쌈트 베린

155. 매우 비쌉니다.

155 - خیلی گران است.

케일리 게투네

156. 화장실은 어디에 있습니까?

156 - دستشویی کجاست؟

다스트쉬이 코저스트?

157. 나는 (사건의)전말이 어떻게 되었는지 이해할 수
없습니다.

157 - نمی توانم بفهمم جریان چطور شده.

네미투남 베화흐맘 자라연 체토르 쇼데

158. 당신은 그가 어디에 있는지 아십니까?

158 - می دانید او کجاست؟

미드닌 우 코저스트?

159. 당신은 여기 있은지 오래 되었습니까?

159 – خیلی وقت است که شما اینجا هستید؟

케일리 바그테 케 쇼머 인저 하스틴?

160. 나의 모자는 어디에 있습니까? 여기 있습니다.

160 – کلاه من کجاست؟ اینجاست.

콜러함 코저스트? 인저스트

161. 매우 아름답습니다.

161 – خیلی قشنگ است.

케일리 가샹게

162. 나는 더위에 대해서는 별 신경 쓰지 않습니다.

162 – برای من گرما مسئله ای نیست.

바럼 갸르머 마쓰알레 니스트

163. 당신은 갈 수 있습니까?

163 – شما می توانید بروید؟

쇼머 미투닌 베린?

164. 이 길로 갑시다.

164 – از این راه برویم.

아즈 인 러흐 베림

165. 저 길로 가지 마십시오.

165 – از این راه نروید.

아즈 인 러흐 나린

166. 우리 저 언덕 꼭대기에 오릅시다.

166 - برویم بالای تپه.

베림 벌러예 테페

167. 나에게 당신의 주소를 알려주세요.

167 - آدرستان را به من بگویید.

어드레세툰러 베만 베긴

168. 나는 정말 그렇게 할 작정입니다.

168 - حتما آن طور خواهم کرد.

하트만 운 토르 커함 캬르드

169. 그것은 무엇입니까?

169 - آن چیست؟

운 치예?

170. 그렇다던 됐습니다.

170 - پس اگر این جوری است ! باشد.

파스 아게 인쥬리예! 버쉐

171. 그렇게는 안됩니다.

171 - به آن صورت نمی شود.

베 운 쑤라트 네미쉐

172. 읽기 매우 어렵습니다.

172 - خواندن خیلی مشکل است.

컨단 케일리 모쉬켈레

173. 창문을 잠궈 주세요.

۱۷۳- پنجره را قفل کنید.

판제레러 고풀코닌

174. 비가 쏟아지고 있습니다.

۱۷۴- باران تند می بارد.

버런 톤드 미버레

175. 당신은 미혼이지요?

۱۷۵- شما مجرد هستید؟

쇼머 모자라드 하스틴?

176. 나를 거들어 주세요.

۱۷۶- مرا کمک کنید.(به من کمک کنید، مرا یاری دهید)

마러 코마크코닌(베 만 코마크 코닌, 마러 여리 다힌)

177. 나를 잠시 기다리십시오.

۱۷۷- برای من یک کمی صبر کنید.

바럼 예 캬미 싸브르 코닌

178. 우리 잠시 기다립시다.

۱۷۸- کمی صبر کنیم.

캬미 싸브르 코님

179. 나는 더이상 기다리지 못합니다.

۱۷۹- من دیگر تحمل صبر کردن را ندارم.

만 디게 타하몰레 싸브르 캬르단 러 나더람

180. 당신은 얼마나 오랫동안 기다리셨습니까?

180 - آیا خیلی وقت است که منتظر شده بودید؟

어여 케일리 바그테 케 몬타제르 쇼데 부딘?

181. 나는 반시간을 기다렸습니다.

181 - من نیم ساعت منتظر بودم.

만 님 써아트 몬타제르 부담

182. 당신을 기다리게 해서 죄송합니다.

182 - معذرت می خواهم که شما را منتظر گذاشتم.

마아자라트 미컴 케 쇼머러 몬타제르 고저쉬탐

183. 그게 사실입니까?

183 - جدی است؟

디예?

184. 이것은 정말 사실입니다.

184 - این واقعا درست است.

인 버게안 도로스테

185. 당신은 피곤하십니까?

185 - شما خسته هستید؟

쇼머 카스테인?

186. 나는 매우 피곤합니다.

186 - من خیلی خسته ام.

만 케일리 카스테암

187. 나를 어딘가에 데려다 주세요.

187 - خواهش می کنم مرا به جایی ببرید.

커헤쉬 미코남 마러 베 저이 베바린

188. 나에게 돈을 가져다 주세요.

188 - برای من پول را بیاورید.

바럼 풀러 비어린

189. 허튼 소리(근거없는 말) 하지 마세요.

189 - خالی بندی نکنید.

컬리반디 나코닌

190. 그는 학급에서 가장 뛰어납니다.

190 - او در کلاس شاگرد ممتازی است.

우 다르 켈러스 셔게르데 몸터지예

191. 당신(나이든 남자)은 영어를 말할 수 있습니까?

191 - آقا، شما انگلیسی بلدید؟

어거, 쇼머 엔글리씨 발라딘?

192. 이 길은 어디로 갑니까?

192 - این راه به کجا میرسد؟

인 러흐 베 코저 미레쎄?

193. 무서워 마십시오.

193 - نترسید.

나타르씬

194. 나는 무섭지 않습니다.

194 - من نمی ترسم.

만 네미 타르쌈

195. 당신이 나를 오해할까봐 걱정이 됩니다.

195 - من نگرانم که مبادا باعث سوء تفاهم شده باشم.

만 네갸러남 케 마버더 버에쎄 쑤에타훠홈 쇼데 버

196. 나는 부득이 가야만 합니다.

196 - من باید بروم.

만 버야드 베람

197. 여기는 조용한 곳입니다.

197 - بی سر و صدائی است.

인저 비싸로 세더이 예

198. 나는 조용한 삶을 살고 있습니다.

198 - من ساده زندگی می کنم.

만 써데 젠데기 미코남

199. 전부 얼마 입니까?

199 - همه چقدر می شود؟

하메 체가드르 미쉐?

200. 부인은 몇 명의 아이가 있습니까?

200 - خانم، شما چند بچه دارید؟

커눔, 쇼머 찬드 바체 더린?

201. 당신(젊은 남자)은 노력해야만 합니다.

201 - پسر جان، شما باید سعی کنید.

페사르 쥰, 쇼머 버야드 싸이 코닌

202. 나는 당신을 어디서 만난 것 같습니다.

202 - بنظرم می آید که شما را در جایی دیده باشم.

베나자람 미어드 케 쇼머러 다르 저이 디데 버

203. 당신은 자멀리씨를 만났습니까?

203 - شما آقای جمالی را میبینید؟

쇼머 어거예 자멀리 러 미비닌?

204. 나는 아직 그를 만나지 못했습니다.

204 - من هنوز او را ندیده ام.

만 하누즈 우러 나디데암

205. 우연히 나는 그를 만났습니다.

205 - بطور اتفاقی او را دیدم.

베토레 에테훠기 우러 디담

206. 나는 내 여동생을 교회에서 만났습니다.

206 - من خواهر کوچکم را در کلیسا دیدم.

만 커하레 쿠체   러 다르 켈리써 디담

207. 내 곁으로 오세요.

207 - پهلوی من بیایید.

파흐루예 만 비어인

208. 이종이를 반으로 접으시오.

208 – این کاغذ را از وسط تا کنید.

인 커가즈러 아즈 바싸트 터 코닌

209. 정말 무섭습니다.

209 – واقعا وحشتناک است.

버게안 바흐쇀트너케

210. 내가 당신(젊은 남자)에게 일러준 것을 기억하십시오.

210 – یادتان باشید که به شما خبر دادم.

여데툰 버쉐 케 베 쇼머 카바르 더담

211. 나는 그것이 무엇인지 모릅니다.

211 – من نمی دانم که آن چی است.

만 네미두남 케 운 치예

212. 지금 당신은 무엇을 해야 합니까?

212 – الان دارید چه کار میکنید؟

알런 더린 체 커르 미코닌?

213. 나는 먼저 무엇을 해야 합니까?

213 – من اول باید چی کار کنم؟

만 아발 버야드 치 커르 코남?

214. 당신은 어떤 일을 하십니까?

214 – شما چه کاره اید؟

쇼머 체 커레인?

215. 무슨 일이 거기 있습니까?

215 - آنجا چه خبر است؟

운저 체 캬바레?

216. 나는 무엇을 해야하는지 모릅니다.

216 - من نمی دانم چی کار کنم.

만 네미두남 체 커르 코남

217. 또 무엇입니까?

217 - باز چیست؟

버즈 치예?

218. 우리 가족은 대가족입니다.

218 - خانواده ما بزرگ است(ما خانواده بزرگی داریم).

쿠네버데예머 보조르게(머 쿠네버데예 보조르기 더림)

219. 당신(젊은 남자)의 성은 무엇입니까?

219 - آقا، اسم خانوادگی شما چیست؟(فامیلی
شما چیست؟)

어거, 에스메 쿠네버데기예 쇼머 치예?(훠밀리예 쇼머 치예?)

220. 그 분은 경험이 풍부합니다.

220 - آن آقا دنیا دیده است.

운 어거 도니여 디데에

221. 나는 아직 답장을 받지 못했습니다.

221 - هنوز جواب نامه شما به دستم نرسیده است.

하누즈 쟈버 너메예 쇼머 베 다스탐 나레씨데

222. 그는 나의 친구인 것처럼 보이게 합니다.

222 - او با من تظاهر به دوستی میکند.

우 버 만 타저호리 베 두스티 미코네

223. 우리 갈등을 풉시다.

223 - رفع تشنگی کنیم.

라푸에 테쉬네기 코님

224. 이 문제를 해결하기가 결코 쉽지 않습니다.

224 - حل کردن این مسئله آسان نیست.

할 캬르다네 인 마쓰알레 어썬 니스트

225. 나는 약속을 지킬 겁니다.

225 - من به وعده خود عمل میکنم.

만 베 바으뎨예 코드 아말 미코남

226. 그는 약속을 어겼습니다.

226 - او به وعده خود عمل نکرد.

우 베 바으데예 코드 아말 나캬르드

227. 이 와이셔츠들을 세탁사에게 가져다 주십시오.

227 - این پیراهن ها را به خشسکشویی ببرید.

인 피러한허러 베 코쉬크쉬이 베바린

228. 세탁물을 가지고 왔습니까?

228 - لباس های شستنی را آوردید؟

레버쓰허뎨 쇼스타니러 어바르딘?

229. 당신은 나에게 화가 났습니까?

229 - آیا از دست من عصبانی هستید؟

어여 아즈 다스테만 아싸버니 하스틴?

230. 나에게 화내지 마세요.

230 - از من عصبانی نشوید.

아즈 만 아싸버니 나쉰

231. 왜 당신(젊은 남자)은 화가 났습니까?

231 - چرا شما عصبانی شدید؟

체러 쇼머 아싸버니 쇼딘?

232. 그는 격노했습니다.

232 - او خیلی خشمگین شد.

우 케일리 카쉬므긴 쇼드

233. 그는 잘 합니다.

233 - او خیلی خوب کار می کند.

우 케일리 쿱 커르 미코네

234. 당신은 좋은 목소리를 갖고 있습니다.

234 - شما صدای خوبی دارید.

쇼머 쎄더예 쿠비더린

235. 페르시아어의 발음은 쉽습니다.

235 - تلفظ فارسی آسان است.

탈라훠제 훠르씨 어쑤네

236. 당신의 여동생은 당신과 매우 닮았습니다.

236 – خواهر شما خیلی شبیه شماست.

커하레 쇼머 케일리 쇼비예 쇼머스트

237. 나는 두시간 걸었습니다.

237 – من دو ساعت قدم زدم.

만 도 써아트 가담자담

238. 내 능력은 한계가 있습니다.

238 – توانائی من حدی دارد.

타버너이예 만 하디 더레

239. 나는 알리씨를 소개했습니다.

239 – من آقای علی را معرفی کردم.

만 어거여 알리러 모알레휘 캬르담

240. 우리는 약한 사람을 도와야 합니다.

240 – ما باید مردم ضعیف را کمک کنیم.

머 버야드 마르도메 자이프러 코마크 코님

241. 내가 당신(나이든 남자)을 도와드릴까요?

241 – به شما کمک کنم؟

베 쇼머 코마크 코남?

242. 나는 최선을 다해 당신을 돕겠습니다.

242 – من با دل و جان به شما کمک می کنم.

만 버 델로전 베 쇼머 코마크 미코남

243. 도움을 청하러 갑시다.

243 - برویم تقاضای کمک کنیم.

베림 타거저예 코마크코님

244. 나는 열시에 자러 갑니다.

244 - من ساعت ده بخواب می روم.

만 써아테 다 베컵 미람

245. 들어가시기 전에 노크를 해 주십시오.

245 - قبل از ورود در بزنید.

가불 아즈 보루드 다르 베자닌

246. 그를 이리로 오도록 부르세요.

246 - او را صدا کنید به اینجا بیاید.

우러 쎄더 코닌 베 인저 비어드

247. 당신이 부르셨습니까?

247 - صدا کردید؟

쎄더 캬르딘?

248. 이란어로 이것은 무엇이라고 부릅니까?

248 - این را به زبان فارسی چه می گویند؟

인러 베 자버네 훠르시 체 미간?

249. 이 종류들을 가지런히 정리하세요.

249 - این نوع را مرتب کنید.

인 노으러 모라탑 코닌

250. 나는 억지로 갑니다.

250 - من بزور می روم.

만 쥬르 미람

251. 그녀는 마지못해 웃습니다.

251 - آن خانم از روی ناچاری می خندد.

운 커눔 아즈 루예 너처리 미칸데

252. 당신은 만족하십니까? 나는 만족합니다.

252 - شما رضایت دارید(راضی هستید)؟ من رضایت دارم.

쇼머 레저갸트 더린(러지 하스틴)? 만 레저야트 더람

253. 그 남자는 노래를 잘 합니다.

253 - آن آقا خوب آواز می خواند.

운 어거 쿱 어버즈 미쿠네

254. 이란어 노래 하나 불러보십시오.

254 - لطفا یک ترانه به فارسی بخوانید.

로트환 여 타러네 베 훠르씨 베쿠닌

255. 나는 자주 영화보러 갑니다.

255 - من گاهی مواقع به سینما می روم.

만 거히 모버게 베 씨네머 미람

256. 이것과 저것은 마찬가지 입니까?

256 - این با آن یکی است؟

인 버 운   키예?

257. 당신은 차를 드십니까. 커피를 드십니까?

257 - شما چای میل می فرمایید یا قهوه؟

쇼머 처이 메일 미화르머인 여 가흐베?

258. 당신이 가든지 말든지(당신) 마음대로 하세요.

258 - رفتن یا نرفتن شما به میل خودتان است.

라후탄 여 나라후타네 쇼머 메일레 코데투네

259. 나는 여전히 참기가 매우 어렵습니다.

259 - صبری و بردباری مثل همیشه برای من کار مشکلی است.

싸브리 바 보르드버리 메슬레 하미쉐 바럼 커레 모쉬켈리예

260. 예, 확실합니다.

260 - بله، اطمینان دارم.(مطمین هستم)

발레, 에트미넌 더람(모트마엔 하스탐)

261. 나는 틀림없이 갈 것입니다.

261 - من حتما می روم.

만 하트만 미람

262. 나는 당신을 만나게 되어 반갑습니다.

262 - از دیدن شما خیلی خوشوقتم.

아즈 디다네 쇼머 케일리 코쉬바그탐

263. 서둘지 마세요.

263 - عجله نکن.

아즈알레 나콘

264. 무엇보다 먼저(우선)

264 - اول از همه(اولا)...

아발 아즈 하메(아발란)…

265. 사람들 모두가

265 - همه مردم

하메예 마르돔

266. 지금 나는 바쁩니다.

266 - الان گرفتارم.

알런 게레프터람

267. 나는 결과에 따라 판단합니다.

267 - من به عاقبت نقد می کنم.

만 베 어게바트 나그드 미코남

268. 당신(나이든 남자)은 불어를 이해합니까?

268 - آقا، شما فرانسه میدانید؟

어거, 쇼머 화런쎄 미두닌?

269. 당신(젊은 남자)은 내 말을 이해합니까?

269 - مرا درک میکنید؟

마러 다르크 미코닌?

270. 나는 아무것도 이해하지 못합니다.

270 - من اصلا نمی فهمم.

만 아슬란 네미 화흐맘

271. 나는 단지 약간만 이해할 뿐 입니다.

271 - من یک کمی می فهمم.

만 예 캬미 미화흐맘

272. 나는 사진 몇 장 찍기를 원합니다.

272 - من می خواهم چند تا عکس بگیرم.

만 미컴 찬드 터 아크스 베기람

273. 당신을 환영합니다.

273 - خوش آمدید.

코쉬 어마딘

274. 그는 매우 좋은 사람입니다.

274 - او آدم خوبی هست.

우 어다메 쿠비 하스트

275. 당신은 주말쯤에 그 일을 끝낼 수 있습니다.

275 - شما می توانید تا اواخر هفته این کار را تمام کنید؟

쇼머 미투닌 터 아버케레 하후테 인 커러 타멈 코닌?

276. 나는 독어를 공부하고 싶습니다.

276 - من می خواهم زبان آلمانی یاد بگیرم.

만 미컴 자버네 얼머니 여드 베기람

277. 나는 일어를 공부하고 있습니다.

277 - من درس ژاپونی را می خوانم.

만 달쎄 저포니러 미쿠남

278. 영어는 독어보다 쉽습니다.

278- زبان انگلیسی آسانتر از آلمانی است.

자버네 엔겔리씨 어쑨타르 아즈 얼머니예

279. 그가 불어를 할 줄 아는지 물어보세요.

279- ازایشان بپرسید می توانند فرانسه حرف بزنند.

아즈 이슌 베포르씬 미투난 화런쎄 하르흐 베자난

280. 왜 당신은 부끄러워 하십니까?

280- چرا شما خجالت می کشید؟

체러 쇼머 케절라트 미케쉰?

281. 부끄러워하지 마십시오.

281- خجالت نکشید.

케절라트 나케쉰

282. 나는 매우 섭섭합니다.

282- من خیلی دلگیر شدم.

만 케일리 댈기르 쇼담

283. 어느날 당신은 한가하십니까?

283- چه روزی بیکار هستید؟

체 루지 비커르 하스틴?

284. 그는 나에게도 역시 그렇습니다.

284- او با من هم مثل شما رفتار می کند.

우 버 만 함 메슬레 쇼머 라프터르 미코네

285. 오늘 아침 당신은 조금 늦게 도착했습니다.

285- امروز صبح یک کمی دیر رسیده است.

엠루즈 쏩 예 캬미 디르 레씨데

286. 필요한 것 이상 쓰지 마십시오.

286- بیش از احتیاج مصرف نکنید.

비쉬 아즈 에흐티어즈 마쓰라프 나코닌

287. 어떤 것이 더 좋아요? 이것이 더 좋습니다.

287-کدام یک را بیشتر دوست دارید؟ این را بیشتر دوست دارم.

코둠   러 비쉬타르 두스트 더린? 인 러 비쉬타르 두스트 더람

288. 당신은 담배를 피우십니까?

288- شما سیگار می کشید؟

쇼머 씨거르 미케쉰?

289. 금연

289- سیگار ممنوع

씨거르 맘누으

290. 나는 지갑 가져오는 것을 잊었습니다.

290-فراموش کردم کیف دستی را بیاورم.

화러무쉬 캬르담 키훼 다스티러 비어람

291. 우리 빨리 서두릅시다. 만약 그렇지 않으면 배를
놓칠 것입니다.

291 - باید عجله کنیم اگر نه به موقع به کشتی
نمی رسیم.

버야드 아잘레 코님 아게 나 베 모게 베 케쉬티 네미레씸

292. 나는 기꺼이 당신과 같이 가겠습니다.

292 - من بی چون و چرا با شما خواهم رفت.

만 비 추노 체러 버 쇼머 커함 라프트

293. 나는 당신이 곧 회복하기를 희망합니다.

293 - امیدوارم حالتان زود خوب شود.

오미드버람 헐레툰 쥬드쿱 베쉐

294. 이것은 매우 유용합니다.

294 - این خیلی با ارزش است.

인 케일리 버 아르제쉐

295. 조용히 해 주십시오.

295 - خواهش می کنم ساکت باشید.

커헤쉬 미코남 써케트 버쉰

296. 이 집은 매우 시끄럽습니다.

296 - این خانه خیلی شلوغ است.

인 쿠네 케일리 숄루게

297. 최소한 그는 당신과 얘기를 했었어야 했습니다.

297 – حد اقل او باید قبلا به شما گفته بوده باشد.

한데 아갈 우 버야드 가블란 베 쇼머 고프테 부데 버쉐

298. 우리 아버지는 매우 말씀이 적으십니다.

298 – پدرم کم صحبت هست.

페다람 캄 쏘흐바테

299. 계속 조금씩 마시세요.

299 – کم کم(آرام آرام) بنوشید.

(어룸어룸) 베 누쉰

300. 그의 나이는 내 나이보다 어립니다.

300 – او از من کوچکتر است.

우 아즈 만 쿠체크 타레

301. 나는 과학에 대해 연구하고 있습니다.

301 – من در باره علم طبیعت تحقیق میکنم.

만 다르 버레예 엘메 타비아트 타흐기그 미코남

302. 그는 나에게 불평합니다.

302 – او به من غر میزند.

우 베 만 고르 미자네

303. 그들은 구해줄 것을 호소합니다.

303 – آنها برای نجات خودشان التماس میکنند.

운허 바러 네저테 코데슌 엘테머스 미코난

304. 이것은 내것과 다릅니다.

304 - این با مال من فرق دارد.

인 버 멀레만 화르그 더레

305. 나의 모자를 가져다 주십시오.

305 - لطفا کلاهم را بیاورید.

로트환 콜러함러 비어린

306. 나는 다른 것을 원하지 않습니다.

306 - من چیز دیگری را نمیخواهم.

만 치제 디갸리러 네미컴

307. 나에게 아양떨지 마세요.

307 - برای من ناز و عشوه نیا(نکن).

바럼 너즈 바 에쉬베 나여(나콘)

308. 극장에 관객들이 붐빕니다.

308 - داخل سینما تماشاچی خیلی زیاد هست.

더켈레 씨네머 타머셔치 케일리 지여드 하스트

309. 나는 건강합니다.

309 - من سلامت هستم.

만 쌀러마트 하스탐

310. 건강이 재산보다 귀합니다.

310 - سلامتی از مادیات بیشتر اهمیت دارد.

쌀러마티 아즈 머디여트 비쉬타르 아하미야트 더레

311. 나는 항상 건강합니다.

311 - همیشه تندرست هستم.

하미쉐 탄도로스트 하스탐

312. 요즘엔 나의 건강이 나빠졌습니다.

312 - این روزها بدنم ضعیف شده است.

인 루즈허 바다남 자이푸쇼데

313. 당신은 건강을 돌보십시오.

313 - مواظب سلامتیتان باشید.

모버제베 쌀러마티예툰 버쉰

314. 당신은 목이 마르십니까?

314 - آیا گلویتان خشک شده؟

어여 걀루예툰 코쉬크쇼데?

315. 나는 목도 마르고 배도 고픕니다.

315 - من هم تشنه و هم گرسنه هستم.

만 함 테쉬네 바 함 고로스네 암

316. 그의 아버지는 엄격하신 분입니다.

316 - پدرش آدم سختگیری است.

페다레쉬 어다메 싸크트기리예

317. 그는 매우 빈틈없는 사람입니다.

317 - او آدم دقیقی است.

우 어다메 다기기예

318. 이 일은 매우 긴급합니다.

318- برای این کار عجله دارد.

바러 인 커르 아잘레 더레

319. 그는 낮은 소리로 말합니다.

319- او با صدای آهسته حرف می زند.

우 버 쎄더예 어헤스테 하르후 미자네

320. 부드럽게 말하세요.

320- آرام صحبت کنید.

어룸 쏘흐바트 코닌

321. 그는 솜씨가 매우 좋습니다.

321- او دست و پنجه خوبی دارد(دست پخت او عالی است).

우 다스토 판제예 쿠비 더레(다스테 포크테 우 얼리예)

322. 그는 솜씨 좋은 기술자입니다.

322- او استاد هنرمندی است.

우 오스터데 호나르만디예

323. 그때 당신은 어떻게 하겠습니까?

323- آنگاه چطور کردید؟

운거흐 체토르 캬르딘?

324. 언제 우리는 갈 것입니까?

324- پس کی میرویم؟

파스 케이 미림?

325. 당신은 언제 도착했습니까?

325 - شما کی رسیدید؟

쇼머 케이 레씨딘?

326. 내가 글을 쓰고 있는 동안에…

326 - وقتیکه می نویسم...(وقتیکه مشغول نوشتن هستم...)

바그티케 미네비쌈… (바그티케 마쉬굴레 네베쉬탄 하스탐…)

327. 당신은 너무 무례하군요.

327 - شما خیلی پررو هستید.

쇼머 케일리 포루루하스틴

328. 당신은 예법을 모릅니다.

328 - شما بی ادب و بی تربیت هستید.

쇼머 비 아다보 비 타르비야트 하스틴

329. 그는 나를 화나게 합니다.

329 - او مرا عصبانی می کند.

우 마러 아싸버니 미코네

330. 이 일은 어렵습니다.

330 - این کار سخت است.

인 커르 싸크테

331. 그는 성격이 까다로운 사람입니다.

331 - او آدم مشکل پسندی است.

우 어다메 모쉬켈파싼디예

332. 저 사람에게 마음에 들기는 어렵습니다.

332 - راضی کردن او مشکل است.

러지 캬르다네 우 모쉬켈레

333. 나는 행복합니다.

333 - خوشبختم.

코쉬바크탐

334. 나는 무한한 기쁨을 느낍니다.

334 - من بی اندازه احساس خوشبختی می کنم.

만 비 안더제 에흐써세 코쉬바크티 미코남

335. 나는 이 일을 하는 것이 매우 행복합니다.

335 - من از انجام دادن این کارخیلی خوشحالم.

만 아즈 안점 더다네 인 커르 케일리 코쉬헐람

336. 그 부인은 뽐내기를 좋아합니다.

336 - آن زن خود نمایی هست.

운 잔 코드나머이 하스트

337. 그는 약습니다.

337 - او زرنگ است.

우 제랑게

338. 저 아이는 비열한 놈입니다.

338 - آن بچه بیخودی است(مزخرفی است، آشغالی است).

운 바체 비코디예(모자크라피예, 어쉬걸리예)

339. 그는 아무것도 먹지 않습니다.

339 - او هیچ چیزی نمیخورد.

우 히치 치지 네미코레

340. 나는 돈이 없습니다.

340 - من پول ندارم.

만 풀 나더람

341. 결코 그런 것은 아닙니다.

341 - اصلا به این صورت نمی باشد.

아쓸란 베 인 쑤라트 네미버쉐

342. 나는 그것이 필요하지 않습니다.

342 - من به آن احتیاج ندارم.

만 베 운 에흐티어즈 나더람

343. 그렇게 서두르지 마세요.

343 - اینقدر عجله نکنید.

인가드르 아잘레 나코닌

344. 만약 그렇지않으면…

344 - اگر نه...

아게 나…

345. 이것은 바보같은 의견입니다.

345 - این فکر احمقانه ای است.

인 훼크레 아흐마거네이예

346. 나는 영어 공부를 시작했습니다.

346 - من شروع کردم به انگلیسی خواندن.

만 쇼루으 캬르담 베 엔겔레씨 컨단

347. 나는 오늘 오후에 출발할 것입니다.

347 - من امروز عصر حرکت خواهم کرد.

만 엠루즈 아스르 하라캬트커함 캬르드

348. 그는 성실하게 보입니다.

348 - او بنظر آدم صادق می آید.

우 베나자레 어다메 써데그 미어드

349. 멍청한 짓 말아요.

349 - حماقت نکنید.

하머가트 –1코닌

350. 그는 격노하고 있습니다.

350 - او خیلی عصبانی شد.

우 케일리 아싸버니 쇼드

351. 정말 무서운 광경입니다.

351 - خیلی منظره وحشتناکی است.

케일리 만자레예 바흐쇼트너키예

352. 나는 그를 권유했습니다.

352 - من به او اصرار کردم.

만 베 우 데쓰러르 캬르담

353. 당신은 나를 격려해 주었습니다.

353 – شما به من دل و جرات دادید.

쇼머 베 만 델로 조르아트 더딘

354. 내가 결점이 많은 것을 나는 알고 있습니다.

354 – من به عيوب خود واقف هستم.

만 베 오유베 코드 버게프 하스탐

355. 당신은 연극보러 가는 것을 좋아하십니까?

355 – شما دوست داريد به تأتر برويد؟

쇼머 두스트 더린 베 떼아뜨르 베린?

356. 나는 그의 마음을 믿을 수가 없습니다.

356 – من نميتوانم او را باور كنم.

만 네미투남 우러 버바르 코남

357. 인내하십시오.

357 – حوصله كن.

호쎌레 콘

358. 나는 기진맥진하게 되었습니다.

358 – من بى حال شدم.

만 비헐 쇼담

359. 그는 오만한 사람입니다.

359 – گردن كلفت است.

갸르단 콜로푸테

360. 나는 사양했습니다.

‫360 - من صرف نظر میکنم.‬

만 싸르페 나자르 미코남

361. 나는 황당해졌습니다.

‫361 - آشفته شدم.‬

어쇼푸테 쇼담

362. 노인을 공경합시다.

‫362 - به پیران احترام بگذارید.‬

베 피런 에흐테럼 베저린

363. 자세히 읽으세요.

‫363 - با دقت بخوانید.‬

버 데가트 베쿠닌

364. 나는 호세이니씨의 조카입니다.

‫364 - من برادرزاده آقای حسینی هستم.‬

만 바러다르저데예 어거예 호세이니 하스탐

365. 나는 낙관적인 사람입니다.

‫365 - من آدم خوش بینی هستم.‬

만 어다메 코쉬비니 암

366. 이것은 무엇으로 만들어졌습니까?

‫366 - این به چه وسیله درست شده است؟‬

인 베 체 바씰레 도로스트 쇼데?

367. 이것은 영국제입니다(영국에서 만들었습니다).

367 - این ساخت انگلیس است.

인 써크테 엔겔리씨예

368. 누가 당신에게 그렇게 하라고 말했습니까?

368 - کی بهتان گفته است که این جور کنید؟

키 베헤툰 고프테 케 인주르 코닌?

369. 나를 웃기지 마십시오.

369 - مرا نخندانید.

마러 나칸더닌

370. 체면차리지 마십시오.

370 - رو دربایستی نکنید.

루다르버예스티 나코닌

371. 그는 나를 도와주었습니다.

371 - او بمن کمک کرد.

우 베 만 코마크캬르드

372. 나에게 우산을 빌려주십시오.

372 - چتر را بمن قرض بدهید.

차트러 베 만 가르즈 베딘

373. 그녀는 낭만적인 소설을 좋아합니다.

373 - آن خانم رمان رمانتیک را دوست دارد.

운 커눔 로머네 로문틱러 두스트 더레

374. 해가 집니다.

374 - خورشید غروب میکند.

코르쉬드 고룹 미코네

375. 태양이 떠오릅니다.

375 - خورشید طلوع میکند.

코르쉬드 토루으 미코네

376. 그는 음악에 귀를 기울입니다.

376 - او موسیقی گوش میکند.

우 무씨기 구쉬 미코네

377. 나는 당신을 아흐마드씨로 잘못 봤습니다.

377 - من شما را با احمد آقا اشتباه گرفتم.

만 쇼머 러 버 아흐마드 어거 에쉬테버흐 게레프탐

378. 당신은 날자와 달을 혼돈했습니다.

378 - شما تاریخ و ماه را قاطی کردید.

쇼머 터리크 바 머흐러 거티 캬르딘

379. 나는 모든 것을 혼동했습니다.

379 - من همه چیز را قاطی پاطی فهمیدم.

만 하게 치즈러 거티 퍼티 화흐미담

380. 당신은 오랫동안 부재중이십니까?

380 - شما مدت طولانی نیستید؟

쇼머 모다테 투러니 니스틴?

381. 당신은 몇 층에 사십니까?

381 - شما طبقه چندم زندگی میکنید؟

쇼머 타바게 찬돔 젠데기 미코닌?

382. 누가 내 책을 가지고 있습니까?

382 - کتابم دست کی است؟

케터밤 다스테 키예?

383. 그녀는 불란서인과 결혼했습니다.

383 - او با یک فرانسوی ازدواج کرده است.

우 버 예 화런싸비 에즈데버즈 캬르데

384. 무슨 이유때문입니까?

384 - به چه علت است؟

베 체 엘라테?

385. 이유가 없습니다.

385 - بی علت است.

비 엘라테

386. 그 아이는 매우 예의 바릅니다.

386 - آن بچه خیلی با ادب است.

운 바체 케일리 버 아다베

387. 허튼 소리 마세요.

387 - چرند نگو.(چرت و پرت نگو)

챠란드 나구(차르토파르트 나구)

388. 그는 아내와 이혼했습니다.

388 - او از زنش طلاق گرفت.

우 아즈 자네쉬 타러그 게레푸트

389. 당신은 나와 떨어져 있어야 합니다.

389 - شما باید از من دور کنید.

쇼머 버야드 아즈 만 두르 코닌

390. 그는 나에게 곁눈질(윙크)했습니다.

390 - او به من چشمک زد.

우 베 만 え-쉬마크 자드

391. 나는 정성을 다해서 당신을 돕겠습니다.

391 - من با دل و جان به شما کمک میکنم.

만 베 델로전 코마크 미코남

392. 실례합니다. 나이든 남자분, 부인, 아가씨, 젊은 남자분.

392 - ببخشید. آقا، خانم، دختر، پسر.

베바크쉰. 어거, 커눔, 도크타르, 페사르

393. 그것은 제 잘못입니다.

393 - آن تقصیر من است.

운 타그씨레 마네

394. 잘못을 범하지 않도록 주의하십시오.

394 - مواظب باشید اشتباه نکنید.

모버젭버순 에쉬테버흐 나코닌

395. 이 방은 매우 어지럽습니다.

395- این اتاق خیلی درهم است.

인 오터그 케일리 다르하메

396. 나는 모르는 것처럼 행동했습니다.

396- من خود را نافهمی زدم.

만 코드러 너화흐미 자담

397. 그녀는 발을 헛디뎠습니다.

397- او پایش پیچ خورد.

우 포야쉬 피츠 코르데

398. 내가 아직… 할 때

398- وقتیکه من هنوز ....

바그티케 만 하누즈…

399. 그는 나를 속였습니다.

399- او سرم کلاه گذاشت.(او گولم زد.)

우 싸람 콜러흐 고저쉬드(우 굴람 자데)

400. 저 남자는 게으릅니다.

400- آن آقا تنبل است.

운 어거 탐발레

401. 무엇을 해야하는지 나는 결정 하지않았습니다.

401- من تصمیم نگرفتم که چه کار کنم.

만 타스밈 나게레푸탐 케 체 커르 코남

402. 왜 당신은 망설이십니까?

402 - چرا شما دو دل هستید؟

체러 쇼머 도델 하스틴?

403. 그는 공부에 열중합니다.

403 - او سخت درس میخواند.

우 싸크트 달쓰 미쿠네

404. 당신은 건강하십니까?

404 - شما سلامت هستید؟

쇼머 쌀러가트 하스틴?

405. 예, 감사합니다. 저는 건강합니다만, 당신은 어떻습니까?

405 - بله، متشکرم. سلامتم، شما چطورید؟

발레, 모차케람. 쌀러마탐, 쇼머 체토린?

406. 나는 계속해서 기다립니다.

406 - من همیشه منتظر هستم.

만 하미쉐 몬타제람

407. 여기는 시원합니다.

407 - اینجا خنک است.

인저 코나케

408. 그 남자는 일을 빨리 합니다.

408 - آن مرد سریع کار میکند.

운 마르드 싸리으 커르 미코네

409. 당신은 정말 다행이군요.

409 - واقعا سرت کلاه رفته!

버게안 싸라트 콜러흐 라프테!

410. 나를 그냥 놔 두세요.

410 - از من دست ور دارید (به من کاری نداشته باشید).

아즈 만 다스트 바르 더린(베 만 커리 나더쉬테 버쉰)

411. 우리는 그에게 맡겨둡시다.

411 - به عهده او بگذاریم.

베 오흐데예 우 베저림

412. 그는 옷을 입고 있습니다.

412 - او دارد لباس می پوشد.

우 더레 레버스 미푸쉐

413. 왜 당신은 그를 꾸짖습니까?

413 - چرا او را سرزنش میکنید؟

체러 우러 싸르자네쉬 미코닌?

414. 그는 돈을 몽땅 잃었습니다.

414 – او تمام پول را گم کرده است.

우 타머메 풀러 곰 캬르데

415. 나를 용서하십시오.

415 – مرا ببخشید.

마러 베바크쉰

416. 저 아가씨는 당신에게 미소를 지었습니다.

416 – آن خانم به شما لبخند زد.

운 커눔 베 쇼머 라붑칸드 자드

417. 나는 당신에게 기대를 걸고 있습니다.

417 - من به شما امید دارم.

만 베 쇼머 오미드 더람

418. 나는 집에 돌아가기를 원합니다.

418 - من میخواهم به خانه برگردم.

만 미컴 베 쿠네 바르갸르담

419. 매일, 매 사람, 매달, 매년

419 - هر روز، هر کس، هر ماه، هر سال،

하르 루즈, 하르 캬스, 하르 머흐, 하르 썰

420. 한번, 한번 더, 두번, 여러번

420 - یک بار، یک بار دیگر، دو بار، چند بار.

예 버르, 예 버르 디게, 도 버르, 챤드 버르

421. 나는 비로소 알게 되었습니다.

421 - من بالاخره فهمیدم.

만 벨라카레 화흐미담

422. 나는 당신의 성공을 기뻐합니다.

422 - از موفقیت شما خوشحالم.

아즈 모바화기야테 쇼머 코쉬헐람

423. 당신의 만년필을 저에게 빌려주세요.

423 - ببخشید میشود خودنویستان را به من قرض بدهید.

베바크쉰 미쉐 코드네비세툰러 베만 가르즈 베딘

424. 당신은 조금전에 어디에 갔었습니까?

424 - چند دقیقه پیش کجا رفته بودید؟

찬드 다기게 피쉬 코저 라프테 부딘?

425. 나는 잠깐 누워서 쉬었으면 좋겠습니다.

425 - کاشکی میشد کمی دراز بکشم و استراحت کنم.

커쉬키 미쇼드 캬미 데러즈베케   바 에스테러하트 코남

426. 만약 당신이… 에 가게 되면…

426 - اگر شما به ... بروید، ...

아게 쇼머 베 …   베린…

427. 그 소식은 나를 매우 놀라게 했습니다.

427 - من از آن خبر خیلی تعجب کرده ام.

만 아즈 운 카바르 케일리 타아좁 캬르데암

428. 얼굴을 돌리지 마세요.

428 - رویتان را از من نگردانید.

루예툰러 아즈 만 나갸르더닌

429. 그 슬픈 소식 앞에 그는 망연해졌습니다.

429 - بخاطر خبر غمگینی او بیهوش شد.

베커테레 카바레 감기니 우 비후쉬쇼드

430. 나는 확실히 듣지 못했습니다.

430 - من درست نشنیدم.

만 도로스트 나쉬니담

431. 당신은 아버지의 말씀을 들어야 합니다.

431 - شما باید به حرف پدرتان گوش کنید.

쇼머 버야드 베 하르페 페다레툰 구쉬 코닌

432. 내 말에 귀를 기울이세요.

432 - گوش کنید.

구쉬 코닌

433. 당신은 누구를 의심하십니까?

433 - شما به کی شک دارید؟

쇼머 베 키 쇼크더린?

434. 나는 누구도 의심하지 않습니다.

434 - من به هیچ کس شک ندارم.

만 베 히치 캬쓰 쇼크 나더람

435. 이것은 무슨 의미입니까?

435 - این چه معنی دارد؟

인 체 마아니더레?

436. 뜻은 …입니다. 즉 …입니다.

436 - معنی اش این است ....، یعنی ..... است.

마아니아쉬 인 아스트(이네) … ,   야아니 … 아스트(에)

437. 이 방은 지저분합니다.

437 - این اتاق کثیف است.

인 오터그 캬씨페

438. 이 방은 정돈이 잘되어 있습니다.

438 - این اتاق مرتب است.

인 오터그 모라탑베

439. 당신은 잘 잤습니까?

439 - شما خوب خوابیده اید؟

쇼머 쿱 커비딘?

440. 이란의 부인들은 매우 예의가 바릅니다.

440 - خانمهای ایرانی خیلی با ادب هستند.

커눔허예 이러니 케일리 버아답안드

441. 지금 나는 여유가 있습니다.

441 - الان وقت دارم(الان وقت آزاد دارم).

알런 바그트 더람(알런 바그테 어저드더람)

442. 나는 그를 비웃지 않습니다.

442 - من او را مسخره نمیکنم.

만 우러 가쓰카레 네미코남

443. 저 부인은 언제나 불평합니다.

443 - آن زن همیشه غر میزند.

운 잔 하미쉐 고르 미자네

444. 나는 이 회에 가입할 수 있습니까?

444 - آیا من میتوانم عضو این انجمن بشوم؟

어여 만 미투남 오즈베 인 안조만 베 ?

445. 우리 돌아갑시다.

445 - بر گردیم.

바르 갸르딤

446. 그녀는 둘째딸입니다.

446 - او دختر دوم خانواده است.

우 도크타레 도봄메 쿠네버데 아스트

447. 보다 가까이 다가오세요.

447 - جلوتر بفرمایید.

졸로타르 베화르머인

448. 많은 사람이 왔습니까?

448 - بیشتر مردم آمده اند؟

비쉬타르 마르돔 어마데 안드?

449. 나는 더이상 참을 수 없습니다.

449 - من دیگر تحمل ندارم.

만 디게 타함몰 나더람

450. 연필 한자루 깎아주세요.

450 - لطفا یک مداد را بتراشید.

로트환 예 메더드러 베타러쉰

451. 잊지 말고 나를 불러 주세요.

451 - یادتان نرود، مرا صدا کنید.

에데툰 냐레, 마러 쎄더 코닌

452. 그(그녀)의 얼굴은 무서워서 창백해졌습니다.

452 - از ترس رنگش پرید.

아즈 타르스 랑게쉬 파리드

453. 책상을 움직이지 마세요.

453 - میز را تکان ندهید.

미즈러 테쿤 나딘

454. 당신은 온화합니다.

454 - شما آرام هستید.

쇼머 어룸 하스틴

455. 그녀는 고집이 셉니다.

455 - آن خانم خیلی غد است(آن خانم خیلی لجباز است).

운 커눔 케일리 곧데(운 커눔 케일리 라즈버제)

456. 나는 머리가 아파요.

456 - سرم درد میکند.

싸람 다르드 미코네

457. 참아요, 더 울지말아요.

457 - آرام باشید، دیگر گریه نکنید.

어룸 버쉰, 디게 게리예 나코닌

458. 하산씨는 아첨하기를 좋아합니다.

٤٥٨ - حسن آقا تملق گویی را دوست دارد.
(آدم تملق گویی است.)

하산어거 타말로그구이 러 두스트더레(어다메 타말로그구이예)

459. 나는 아첨하는 말을 좋아하지 않습니다.

٤٥٩ - من تملق گویی نیستم.

만 타말로그구이 니스탐

460. 당신은 영어를 정확히 말합니다.

٤٦٠ - شما انگلیسی را خوب حرف می زنید.

쇼머 엔겔리씨러 쿱 하르프 미자닌

461. 가능하시다면 이란어로 말씀하세요.

٤٦١ - اگر بتوانید، فارسی صحبت کنید.

아게 베투닌, 훠르씨 쏘흐바트 코닌

462. 그렇게 빨리 말씀하지 마세요.

٤٦٢ - اینقدر تند نگویید.

인가드르 톤드 나긴

463. 천천히 말해주십시오.

٤٦٣ - لطفا آهسته حرف بزنید.

로트환 어헤스테 하르프 베자닌

464. 과장해서 말하지 마세요.

464 - اغراق نكنيد!

에그러그 나코닌!

465. 나는 전혀 과장해서 말하지 않습니다.

465 - من در صحبتهايم اصلا اغراق(مبالغه) نميكنم.

만 다르 쏘흐바트허얌 아슬란 에그러그(모버레게) 네미코남

466. 흥분하지 마세요.

466 - به هيجان نياييد.

베 하야전 나여인

467. 조급해하지 마세요.

467 - عجله نكنيد.

아잘레 나코닌

468. 더 노력하세요.

468 - بيشتر كوشش كنيد.

비쉬타르 쿠쉐쉬 코닌

469. 나는 할 수 있습니다.

469 - من مى توانم .

만 미투남

470. 그는 유명해질 겁니다.

470 - او آدم مشهورى خواهد شد.

우 어다메 마쉬후리 커하드 쇼드

471. 이 계절에는 꽃이 핍니다.

471 – در این فصل گل می شکفد.

다르 인 화슬 골 미쉐캬페

472. 나는 당신에게 200토만의 빚을 지고 있습니다.

472 – من از او ۲۰۰(دویست) تومان قرض کردم.

만 아즈 우 데비스트 투만 가르즈 캬르담

473. 나는 더 이상 원하지 않습니다.

473 – من بیشتر از این نمی خواهم.

만 비쉬타르 아즈 인 네미컴

474. 이 방 안은 너무 무덥습니다.

474 – هوای این اتاق خیلی گرم است.

하버예 인 오터그 케일리 갸르메

475. 그는 나에게 원한을 품고 있는 것처럼 보입니다.

475 – بنظر می آید که از دست من ناراضی باشد.

베나자르 미어드 케 아즈 다스테만 너러지 버쉐

476. 당신은 머리를 쓰십시오.

476 – فکر کنید.(کله تان را به کار بیندازید.)

훼크르 코닌(레툰러 베 커르 베얀더진)

477. 내 새옷은 더러워졌습니다.

477 – لباس نو من کثیف شد.

레버쎄 노예 만 캬씨프 쇼드

478. 그녀는 아픕니다.

478 - او مريض است.

우 마리제

479. 나는 그를 훼르도씨거리에서 만났습니다.

479 - من اورا خيابان فردوسى ديدم.

만 우러 키어버네 훼르도씨 디담

480. 현재 당신은 어디서 묵고 계십니까?

480 - در حال حاضر كجا اقامت داريد؟

다르 힐레 허제르 코저 에거마트 더린?

481. 나는 당신이 은혜를 베풀어 주시기 바랍니다.

481 - اميدوارم كه به ما لطف كنيد.

오미드버람 케 베 머 로트프 코닌

482. 당신은 정시에 도착해야 합니다.

482 - شما بايد سر وقت برسيد.

쇼머 버야드 싸레 바그트 베레씬

483. 그 분의 반응은 어떻습니까?

483 - برخورد او چطور است؟

바르 코트데우 체토레?

484. 몇 분입니까?

484 - چند نفر هستيد؟

찬드 나화르 하스틴?

485. 이것은 매우 복잡한 문제입니다.

485 - این مسئله خیلی پیچیده ای است.

인 마쓰알레 케일리 피치데이 아스트

486. 저의 아버지께서는 작년에 돌아가셨습니다.

486 - پدرم پارسال در گذشتند. (فوت کردند)

페다람 퍼르썰 다르고쟈쉬탄(후트 캬르단)

487. 나는 대충 알고 있습니다.

487 - من تقریبا میدانم.

만 타그리반 미두남

488. 너무 심하게 일하지 마십시오.

488 - زیاد کار نکنید.

지여드 커르 나코닌

489. 이것은 제가 본 관점입니다.

489 - این مورد نظرم است.

인 모레데 나쟈라메

490. 이것을 위에 걸치세요.

490 - این را بپوشید.

인 노 베푸쉰

491. 왼쪽으로 돌아가세요.

491 - به سمت چپ بپیچید.

베 쌈테 찹 베피친

492. 당신을 귀찮게 해서 죄송합니다.

492 – ببخشید که مزاحم شما شدم.

베바크쉰 케 모저헤메 쇼머 쇼담

493. 나는 그분을 잘 알고 있습니다.

493 – من او را خوب میشناسم.

만 우러 쿱 미쉐너쌈

494. 집안을 청소해 주십시오.

494 – داخل خانه را تمیز کنید.(داخل خانه را نظافت کنید.)

더켈레 쿠네러 타미즈코닌(더켈레 쿠네러 네저화트 코닌)

495. 나는 나의 고향을 그리워합니다.

495 – دلم برای وطنم تنگ شده است.

델람 바러예 바타남 탕쇼데

496. 나는 결코 이 특별한 은혜를 잊지 않을 겁니다.

496 – لطف شما را هیچ وقت فراموش نخواهم کرد.

로트훼 쇼머러 히치 바그트 화러무쉬 나커함 캬르드

497. 당신은 뭔가 한가지를 계속 잊어버립니다.

497 – شما همیشه یک چیزی را فراموش میکنید.

쇼머 하미쉐 예 치지러 화러무쉬 미코닌

498. 나이든 사람은 이따금씩 자주 잊어버립니다.

498 – افراد مسن گاه گاه فراموش میکنند.

아후러데 모쌘 거흐거흐 화러무쉬 미코난

499. 당신의 국적은 어디입니까?

499 – ملیت شما چیست؟

멜리야테 쇼머 치예?

500. 나는 한국 국적을 가지고 있습니다.

500 – ملیت من کره جنوبی است.

멜리야테 만 코레예 조누비예

501. 나는 말할 권리가 있습니다.

501 - من حق حرف زدن دارم.

만 하게 하르흐 자단 더람

502. 결정한 것이 아직 없습니다.

502 - هنوز تصمیمی گرفته نشده است.

하누즈 타쓰미미 게레프테 나쇼데

503. 자버디씨는 언제 시내로 나갔습니까?

503 - آقای جوادی کی به مرکز شهر رفته اند؟

어거예 자버디 케이 베 마르카제 솨흐르 라프테 안드?

504. 그는 좋은 것처럼 보입니다.

504 - او خیلی خوب بنظر می آید.

우 케일리 쿱 베나자르 미어드

505. 정말 처럼 보입니다.

505 - عین حقیقت است.

에이네 하기가테

506. 나는 그가 옳은 것 같이 생각됩니다.

506 - فکر میکنم که او درست گفته باشد.

훼크르 미코남 케 우 도로스트 고프테 버쉐

507. 매우 많은 사람이 그렇게 생각합니다.

507 - بیشتر مردم این طور فکر میکنند.

비쉬타르 마르돔 인 토르 훼크르 미코난

508. 왼쪽으로 도세요. 저 모퉁이를 도세요. 돌아오세요.

508 - سمت چپ بپیچید. وارد کوچه شوید. بر گردید.

쌈테 찹 베피친. 버레데 쿠체 쇠빈. 바르갸르딘

509. 그분은 나에게 불평하십니다.

509 - آن مرد بمن شکایت میکند.

운 마르드 베 간 쉐커야트 미코네

510. 이 칼은 녹슬었습니다.

510 - این کارد زنگ زده است.

인 커르드 쟝자데

511. 이것은 내 개인의 것입니다.

511 - این وسیله شخصی من است.

인 바씰레 쇠크씨에 마네

512. 저것은 당신 자신의 것입니다.

512 - آن مال خودت است.

운 멀레코다테

513. 나는 이 점을 확실하게 이해하지 못합니다.

513 - این مورد را دقیقا نمیفهمم.

인 모레데러 다기간 네미화흐맘

514. 어찌 그렇게 야단법석입니까?

514 - چرا داد و بیدا می کنید؟

체러 더도비더드 미코닌?

515. 떨어뜨리지 않게 조심하세요.

515 - مواظب باشید نیفتید.

모버젭버쉰 나요프틴

516. 나는 테헤란을 떠날 것입니다.

516 - من تهران را ترک میکنم.

민 테흐런러 타르크 미코남

517. 우리 그늘 밑으로 갑시다.

517 - به زیر سایه درخت برویم.

베 지레 써예예 데라크트 베림

518. 당신은 떨고 있군요. 무슨 일이 있습니까?

518 - بنظر می رسد که شما ترسیده باشید.

آیا اتفاقی افتاده ؟

베나자르 미레쎄 케 쇼머 타르씨데 버쉰. 어여 에떼훠기 오프터데?

519. 나는 두려움에 몸이 떨립니다.

519 - من از ترس می لرزم.

만 아즈 타르쓰 미라르잠

520. 나는 내 친구에 대해 애가 탑니다.

520 - بخاطر دوستم دلم میسوزد.

베커테레 두스탐 델람 미쑤제

521. 비교할 수 없습니다.

521 - قابل مقایسه نیست.

거벨레 모거예쎄 니스트

522. 나는 2년 후에 프랑스로 돌아올 것입니다.

522 - بعد از ۲(دو) سال به فراسه باز خواهم آمد.

바아드 아즈 도 썰 베 화런쎄 버즈 커함 우마드

523. 나는 2시 이후에 다시 올 것입니다.

523 - من بعد از ساعت ۲(دو) باز میآییم.

만 바아드 아즈 써아테 도 버즈 미엄

524. 이것은 철로 만들어졌습니다.

524 - این ازفلز درست شده است.

인 아즈 훠레즈 도러스트 쇼데

525. 오늘 밤 나는 연극을 보러 갈 것입니다.

525 - امشب به تاتر میروم.

엠   베 떼아뜨르 미람

526. 그분은 바지런하십니다.

526 - آن آقا فعال هستند.

운 어거 화얼 하스탄

527. 나의 부모님은 아직 살아계십니다.

527 - والدین من هنوز زنده اند.

벌레데이네 만 하누즈 젠데 안드

528. 당신 혼자 사시지요, 그렇지요?

528 - شما تنها زندگی میکنید، نه؟

쇼머 탄허 젠데기 미코닌, 나?

529. 이 주(州)에 사는 것은 매우 좋습니다.

529 - خیلی خوب است که در این استان زندگی میکنید.

케일리 쿠베 케 다르 인 오스턴 젠데기 미코닌

530. 페인트가 아직 젖었으니 주의하세요.

530 - رنگ دیوار هنوز خشک نشده ، مواظب رنگ باشید!

랑게 디버르 하누즈 코쉬크나쇼데, 모버제베 랑그 버쉰!

531. 잘 생각하십시오.(나이든 남자분께)

531 - آقای محترم، خوب فکر کنید.

어거예 모흐타람, 쿱 훼크르 미코닌

532. 당신은 무엇을 생각하고 계십니까?

532 - شما به چی فکر میکنید؟

쇼머 베 치 헤크르 미코닌?

533. 이것은 어떤일에 쓰입니까?

533 - از این در کجا استفاده میشود؟

아즈 인 다르 코저 에스테훠데 미쉐?

534. 당신이 무슨 일이 있으면 나에게 오십시오.

534 - اگر کاری داشتید، پیش من تشریف بیاورید .

아게 커리 더쉬틴, 피쉐 만 타쉬리프 비어린

535. 저것은 중요한 일입니다.

535 - آن کار مهمی است.

운 커르 모혬미 니스트

536. 이 기계는 고쳐야만 합니다.

536 - این وسیله باید تعمیر بشود.

인 바씰레 버야드 타아미르 베쉐

537. 이 가구를 고쳐주십시오.

537 - این مبل را درست کنید.

인 모불러 도로스트 코닌

538. 사람들은 가격에 대해 불평합니다.

538 - مردم از قیمت شکایت دارند.

마르돔 아즈 게이마트 쉐커야트 더란

539. 나는 호텔에서 당신을 기다리겠습니다.

539 – من در هتل منتظر شما خواهم ماند.

만 다르 호텔 몬타제레 쇼머 커함 문드

540. 왜 당신은 이렇게 늦게 왔습니까?

540 – چرا این قدر دیر آمدید؟

체러 인 가드르 디르 우마딘?

541. 나는 그 일에 찬성할 수 없습니다.

541 – من با این کار موافق نیستم.

만 버 인 커르 모버훼그 니스탐

542. 잠시 나를 도와주세요.

542 – چند لحظه بمن کمک کنید.

찬드 라흐제 베만 코마크 코닌

543. 손을 드세요.

543 – دستتان را بالا ببرید.

다스테툰러 벌러 베바린

544. 오른손을 뻗으세요.

544 – دست راست را دراز کنید.

다스테 러스트러 데러즈 코닌

545. 물건값이 막 올랐습니다.

545 – اخیرا بهای اجناس بالا رفته است.

아키란 바허예 에즈너스 벌러 라프테

546. 나는 이 선물을 당신에게 드리고 싶습니다.

546 - میخواهم این هدیه را به شما بدهم.

미컴 인 허디예로 베쇼머 베담

547. 나는 정성을 다하여 당신을 돕겠습니다.

547 - من با دل و جان به شما کمک میکنم.

만 베 델로전 베 쇼머 코마크 미코남

548. 그분은 성격이 좋습니다.

548 - آن آقا(خانم) خوش اخلاق است.

운 어거(커눔) 코쉬 아크러게

549. 그는 성격이 나쁩니다.

549 - او بد اخلاق(بد خوی) است.

우 바드 아크러게(바드쿠이예)

550. 나는 영어를 연습하고 있습니다.

550 - من انگلیسی را تمرین میکنم.

만 엔겔리씨러 탐린 미코남

551. 곧장 가시오.

551 - مستقیم بروید(صاف بروید).

모스타김 베른 (써프 베린)

552. 나는 결코 그것을 본 적이 없습니다.

552 - من هرگز آن را ندیده بودم.

만 하르게즈 우너 나디데부담

553. 나는 창피합니다. 왜 당신은 창피합니까?

553- خجالت می کشم. چرا خجالت می کشید؟

케절라트 미케 . 체러 케절라트 미케쉰?

554. 나는 당신을 볼 때 내 자신이 창피합니다.

554- وقتیکه شما را میبینم، شرمنده ام.

바그티케 쇼머 러 미비남, 쇠르만데암

555. 내 의견으로는…

555- به نظر من .....

베 나자레 만…

556. 할머니는 어떠세요?

556- مادر بزرگت چطور است؟

머다르 보조르갸트 체토레?

557. 그렇게 하십시오.

557- همانطور انجام بدهید.

하문토르 안점 베딘

558. 그렇다면 당신은 머물러 있어야 합니다.

558- اگر آن طور باشد، در اینجا بمانید.

아게 운토르 버쉐, 다르 인저 베무닌

559. 왜 당신은 그렇게 말합니까?

559- چرا شما اینطور میگویید؟

체러 쇼머 인토르 미긴?

560. 나는 맹세합니다.

560 - (به خدا) قسم میخورم.(به خدا قسم)

(베 코더) 가쌈 미코람(베 코더 가씀)

561. 나에게 예를 하나 들어주십시오.

561 - برای من یک مثال بزنید.

바러예 만 예 메쌀 베자닌

562. 많은 시간이 없습니다.

562 - وقت زیادی ندارم.

바그테 지어디 나더람

563. 돌아갈 시간이 되었습니다.

563 - موقع باز گشت من فرا رسیده است.

모게에 버즈 가쉬테 만 화러 레씨데

564. 시간이 많이 걸립니까?

564 - طولانی میشود؟ (وقت زیاد میبرد؟)

툴러니 미쉐(바그테 지여드 미바레)?

565. 그래서 어떻게 되었습니까?

565 - پس چطور شد؟

파스 체토르 쇼드?

566. 지금 나는 시내에 가기 싫습니다.

566 - الان دوست ندارم به شهر بروم.

알런 두스트 나더람 베 쇠흐르 베람

567. 이따금 나는 그분을 만납니다.

567 - بعضی وقتها ایشان را میبینم.

바아지 바그트허 이슌러 미비남

568. 당신은 한가하십니까?

568 - شما بیکار هستید؟ (شما وقت دارید؟)

쇼머 비커르 하스틴(쇼머 바그트 더린)?

569. 나는 편지를 써야만 합니다.

569 - باید نامه بنویسم.

버야드 너메 베네비쌈

570. 나는 허락할 수 없습니다.

570 - نمیتوانم اجازه بدهم.

네미투남 어 저제 베담

571. 이것은 편리합니다.

571 - این راحت است.

인 러하테

572. 알리씨는 어떤 류의 사람입니까?

572 - آقای جمالی چه جورآدمی است؟

어거예 자멀리 체 주르/어다미예?

573. 한번 봐 주십시오.

573 - یک بار ببینید.

예 버르 베비닌

574. 내가 그를 시험해 보겠습니다.

574- من او را امتحان میکنم.

만 우러 엠테헌 미코남

575. 아직 몇개가 남아 있습니까?

575-چند تا مانده است؟

찬드 터 문데?

576. 그는 이미 잠에서 깨어났습니까?

576-او خیلی وقت است که از خواب بیدار شده ؟

우 케일리 바그테 케 아즈 컵 비더르 쇼데?

577. 나는 밤새도록 깨어 있었습니다.

577- من تمام شب بیدار بودم.

만 타머메   비더르 부담

578. 나는 아침 6시에 일어났습니다.

578- من ساعت ۶(شش) پیش از ظهر(صبح) از خواب بیدار شدم.

만 써아테 쉬쉐 피쉬 아즈 조흐르(쏩) 아즈 컵 비더르 쇼담

579. 내일 아침 6시에 나를 깨어주세요.

579- فردا ساعت ۶(شش) قبل از ظهر(صبح) من را بیدار کنید.

화르더 써아테 쉬쉐 가불 아즈 조흐르(쏩) 마노 비더르 코닌

580. 나는 옝어로 말할 수 없습니다.

٥٨٠ - من انگلیسی بلد نیستم.

만 엔겔리씨 발라드 니스탐

581. 나는 그를 불쌍하게 생각합니다.

٥٨١ - دلم به حالش می سوزد.

델람 베 헐레쉬 미쑤제

582. 안됐군요!

٥٨٢ - حیف!

헤이프!

583. 나는 보통 때와 마찬가지로 바쁩니다.

٥٨٣ - من مثل همیشه گرفتارم.

만 메슬레 하미쉐 게레프터람

584. 매우 유감입니다.

٥٨٤ - خیلی متأسفم!

케일리 모타가쎄

585. 나는 은행에서 약간의 돈을 찾아야 합니다.

٥٨٥ - من یک مقداری پول از بانک برداشت میکنم.

만 예 메그더리 풀 아즈 번크 바르더쉬트 미코남

586. 매우 편리합니다.

٥٨٦ - خیلی راحت است.

케일리 러하테

587. 영어는 어렵습니다.

587 - انگلیسی مشکل است.

엔겔리씨 모쉬켈레

588. 이책은 이름이 나있습니다.

588 - این کتاب روز است.

인 케텁 루제

589. 그분(그 부인)은 유명한 문인입니다.

589 - آن مرد(زن) نویسنده مشهوری است.

운 마르드(잔) 네비싼데예 마쉬후리예

590. 당신은 무엇을 찾고 있습니까?

590 - دنبال چه می گردید؟

돈벌레 체 미갸르딘?

591. 당신은 나를 믿습니까?

591 - آیا مرا باور میکنید؟

어여 마러 버바르 미코닌?

592. 나는 그것을 믿을 수 없습니다.

592 - من آن را نمیتوانم باور کنم.

만 우너 네미투남 버바르 코남

593. 무슨 소식이 있습니까?

593 - خبری هست؟

카바리 하스트?

594. 내가 좋은 소식을 당신에게 가져다 드리지요.

۵۹۴- من حتما برای شما خبر خوبی را خواهم آورد.(من حتما خوش خبر خواهم بود)

만 하트만 바러예 쇼머 카바레 쿠비러 커함어보르드(만 하트만 코쉬 카바르 커함 부드)

595. 그분(그녀)의 성격은 좋습니다.

۵۹۵- شخصیت آن آقا(خانم) خوب است.

쇠크씨야테 운 어거(커눔) 쿠베

596. 나는 에스화헌에 갈 계획입니다.

۵۹۶- قصد رفتن به اصفهان را دارم.

가쓰데 라프탄 베 에스화헌러 더람

597. 그분은 깨어 있습니까, 주무십니까?

۵۹۷- آن آقا(خانم) بیدار است یا نه؟

운 어거(커눔) 비더레 여 나?

598. 당신은 내가 알도록 분명히 해야 합니다.

۵۹۸- شما باید کاملا مرا روشن کنید.

쇼머 버야드 커멜란 마러 로우쇤 코닌

599. 나는 갈 계획입니다.

۵۹۹- قصد دارم که بروم.

가쓰드 더람 케 베람

600. 당신은 지금 무엇을 할 작정입니까?

600 - الان شما چه کار خواهید کرد؟

알런 쇼머 체 커르 커힌 캬르드?

601. 내 머리를 조금 더 짧게 깎아주세요.

601 - سرم را کوتاهتر بتراشید(موهایم را کمی کوتاهتر کنید).

싸람러 쿠터흐타르 베타러쉰(무허얌러 캬미 쿠터흐타르 코닌)

602. 그분은 나의 삼촌이십니다.

602 - آن آقا عموی من است.

운 어거 아무예마네

603. 나는 어제 테헤란에 도착했습니다.

603 - دیروز به تهران رسیدم.

디루즈 테흐런 래씨담

604. 나를 비난하지 마세요.

604 - اینقدر ایراد مرا نگیرید (مرا سرزنش نکنید).

인가드르 이러데마러 나기린(마러 싸르자네쉬 나코닌)

605. 누가 비난을 받게 될까요?

605 - چه کسی مورد سر زنش قرارگرفت؟

체 캬씨 모레데 싸르 자네쉬 가러르 게레프트?

606. 나는 길게 토론하는 것을 좋아하지 않습니다.

۶۰۶ - با مشورت طولانی مخالفم(از مشاورت طولانی خوشم نمی آید).

버 마쉬바라테 툴러니 모커레   (아즈모셔베라테 툴러니 코   네미어드)

607. 나는 그 부인을 만나는 것을 원하지 않습니다.

۶۰۷ - نمیخواهم آن زن را ببینم.

네미컴 운 자너 베비남

608. 내가 우리 가족 중에 가장 어립니다.

۶۰۸ - من کوچکترین عضو خانواده هستم.

만 쿠체크타린 오즈베 쿠네버데암

609. 벽에 사진을 거세요.

۶۰۹ - عکس را به دیوار آویزان کنید.

아크쓰러 베 디버르 어비전 코닌

610. 그는 20분 늦었습니다.

۶۱۰ - او بیست(۲۰) دقیقه دیر کرد.

우 비스트 다기게 디르 캬르드

611. 그것은 가치없는 물건입니다.

۶۱۱ - آن چیز ناقابلی است.

운 치제 너거빌리예

612. 저것 위에 그것을 놓아두세요.

۶۱۲ - آن را روی هم بگذارید.

우노 루예 함 베저린

613. 내 돈지갑을 도둑맞았습니다.

613 - كيف دستى من را زده اند.

키페 다스티예 마러 자데안드

614. 나는 많은 장애에 부딪쳤습니다.

614 - من به مشكلات زياد برخورده ام.

만 베 모쉬켈러테 지여드 바르코르데암

615. 나를 제외하고는 누구나 그 이야기를 알고 있습
니다.

615 - غير از من هم ديگران آن موضوع را ميدانند.

게이르 아즈 만 함 디갸런 운 모주우러 미두난

616. 비가 오지 않는다면 나는 갈 것입니다.

616 - اگر باران نبارد، ميروم.

아게 버런 나버레, 미람

617. 정오쯤에 나는 돌아갈 것입니다.

617 - نزديك ظهر بر ميگردم.

나즈디케 조흐르 바르 미갸르담

618. 정오에 당신은 무엇을 하실 것입니까?

618 - ظهر چه كار داريد؟

조흐르 체 커르 더린?

619. 나는 당신을 호텔 앞에서 기다릴 것입니다.

619 - جلوى هتل منتظر شما مى مانم.

젤로예 호텔 몬타제레 쇼머 미무남

620. 우리 기회를 놓치지 맙시다.

620 - ما این فرصت را غنیمت بشماریم.

머 인 훠르싸트 러 가니마트 베쇼머림

621. 당신은 몇살입니까? 나는 20살 입니다.

621 - چند سالتان است؟ بیست سالم است.

찬드 썰레투네? 비스트 썰라메

622. 그때부터 나는 이란어를 공부했습니다.

622 - از آن به بعد، فارسی را یاد گرفتم.

아즈 운 베 바아드, 퍼르씨러 여드 게레프탐

623. 과연 당신은 매우 친절하십니다.

623 - واقعا شما خیلی مهربان هستید(شما واقعا خیلی مهربانید).

버게안 쇼머 케일리 메흐라버닌(쇼머 버게안 케일리 메흐라버닌)

624. 이것은 내것과 비슷합니다.

624 - این شبیه مال من است.(این عین مال من است)

인 쇠비혜 멀레 마네(인 에이네 마네)

625. 지금 내가 들어가도 됩니까?

625 - میشود بیام تو؟

미쉐 비엄 투?

626. 나는 그분의 돈을 빌렸습니다.

626 - من از او پول قرض کرده ام.

만 아즈 우 풀 가르즈 캬르데암

627. 그분은 없습니다. (부재중입니다.)

627 - آن آقا تشریف ندارند.

운 어거 타쉬리프 나더란

628. 그 사람은 언제나 명랑합니다.

628 - آن مرد همیشه خوش رواست.

운 마르드 하미쉐 코쉬루예

629. 나는 자세하게 알고 있습니다.

629 - میخواهم آن را دقیقتر بدانم.

미컴 우노 다기그타르 베두남

630. 왜 당신은 그렇게 슬프게 보입니까?

630 - بنظر میرسد که شما غمگین هستید.

베나자르 미레쎄 케 쇼머 감기닌

631. 아저씨는 안 계십니까?

631 - عمو تشریف ندارند؟

아무 타쉬리프 나더란?

632. 그 일은 문제가 되지 않습니다.

632 - آن کار مسئله ای نیست.

운 커르 마쓰알레이 니스트

633. 그는 옷을 단정하게 입습니다.

633 - لباس او همیشه مرتب است. (او با سلیقه لباس میپوشد.)

레버쎄 우 하미쉐 모라타베(우 버 쌀리게 레버쓰 미푸쉐)

634. 당신은 그 분의 말을 들어야 합니다.

634 - شما باید به حرف او گوش کنید.

쇼머 버야드 베 하르훼 우 구쉬 코닌

635. 그렇다면 언제 당신은 가십니까?

635 - پس کی تشریف میبرید؟

파쓰 케이 타쉬리프 미바린?

636. 우리 즐겁게 놉시다.

636 - خوش بگذرانیم.

코쉬 베고자러닌

637. 당신은 헛수고 했을 뿐 입니다.

637 - شما بیخود زحمت کشیده اید.

쇼머 비코드 자흐마트 케쉬데인

638. 그분은 응할 생각을 하고 있습니다.

638 - ایشان درباره این کار نظر موافق دارند.

이슌 다르버레예 인 커르 나자레 모버화그 더란

639. 나는 그 일에 응하지 않습니다.

639 - من آن کار را قبول نمیکنم.

만 운 커러 가불 네미코남

640. 내가 그의 주소를 아는 것 이상 바랄것이 무엇이
있겠습니까?

640 - من به آدرس او هم قانع هستم.

만 베 어드레쎄 우 함 거네암

641. 당신은 슬퍼하지 마세요.

641 - غصه نخورید.

고쎄 나코린

642. 몇분 안에 그분은 여기에 도착하실 겁니다.

642 - در عرض چند دقیقه آن آقا به اینجا میرسند.

다르 아르제 찬드 다기게 운 어거 베 인저 미레싼

643. 나는 당신에게 간청합니다.

643 - ازشما خواهش میکنم.(از شما تقاضا میکنم)

아즈 쇼머 커헤쉬 미코남(아즈 쇼머 타거저 미코남)

644. 당신은 핸섬해 보입니다.

644 - بنظر می آید شما شیک هستید(شیک
بنظر میایید).

베나자르 미어드 쇼머 쉬크 하스틴(쉬크 베나자르 미어인)

645. 누가 이 그림을 그렸습니까?

645 - این نقاشی بوسیله چه کسی کشیده شده
است؟

인 나거쉬 베바씰레예 체 캬씨 케쉬데 쇼데?

646. 나는 그분을 집에 모셔다 드려야 합니다.

646- من باید ایشان را به خانه اش برسانم.

만 버야드 이슌러 베 쿠네아쉬 베라쑤남

647. 만약 당신이 이해한다면…

647- اگر شما بفهمید، ....

아게 쇼머 베화흐민…

648. 당신 때문에 나는 그 일을 했습니다.

648- من خاطر تو آن کار را انجام دادم.

만 커테레 토 운 커러 안점 더담

649. 무슨 일이세요?

649- چه کاری است؟

체 커리예?

650. 나는 해야할 일이 많아요.

650- خیلی کار دارم که باید انجام بدهم.

케일리 커르 더람 케 버야드 안점 베담

651. 그 분은 일에 숙달되어 있습니다.

651- آن آقا با تجربه و ماهر هستند.

운 어거 버 타즈로베 바 머헤르 하스탄

652. 당신은 모든 일에 성공했습니다.

652- شما در تمام کار موفق شده اید.

쇼머 다르 타머메 커르 모바화그 쇼데인

653. 나는 당신에게 동의합니다.

653 - من با نظر تو موافقم.

만 버 나자레 토 모버훼감

654. 나는 당신이 그 일을 하기를 제의합니다.

654 - پیش نهاد میدهم که شما آن کار را انجام بدهید.

피쉬네허드 미담 케 쇼머 운 커러 안점 베딘

655. 영어로 편지를 씁시다.

655 - نامه ای به انگلیسی بنویسیم.

너메이 베 엔겔리씨 베네비씸

656. 내 이름을 이란어로 써 주십시오.

656 - اسم مرا به فارسی بنویسید.

에스메 마러 베 포르씨 베네비씬

657. 조심해서 쓰세요.

657 - با دقت بنویسید.

버 데가트 베네비씬

658. 더 정확하게 써주세요.

658 - دقیقتر بنویسید.

다기그타르 베네비씬

659. 내게 기대지 마세요.

659 - بمن اتکا نکنید(به من متکی نباشید).

베만 에테커 나코닌(베 만 모타키 나버쉰)

660. 나는 무사하게 에스화헌에 도착했습니다.

660 - من به سلامتی به اصفهان رسیده ام.

만 베 쌀러마티 베 에스화헌 레씨데암

661. 왜 당신은 그리 급합니까?

661 - چرا این قدر عجله میکنید؟

체러 인 가드르 아잘레 미코닌?

662. 나는 모르는체 했습니다.

662 - خودم را به نا فهمی زدم.

코담러 베 너화흐미 자담

663. 그것이 깨지지 않도록 조심하세요.

663 - مواظب باشید نشکند.

모버젭 버쉰 나쉐캬네

664. 나는 당신이 즐거운 크리스마스를 보내시길 기
원합니다.

664 - امیدوارم که عید میلادی به شما خوش بگذرد.

오미드버람 케 에이데 밀러디 베 쇼머 코쉬 보그자레

665. 새해 복 많이 받으세요.

665 - مبارک باد عید نوروز.

모버라크 버드 에이데 노루즈

666. 그는 일에 서투릅니다.

666 - او دراین کار خبره نیست.

우 다르 인 커르 카바레 니스트

667. 그 그림 역시 그저 그렇습니다.

667 - آن نقاش نه بد است و نه خوب.

운 나거쉬 나 바데 바 나 쿱

668. 이것은 저것과 멀리 떨어져 있습니다.

668 - این از آن دوراست.

인 아즈 운 두레

669. 이일은 어떻게 일어난 것입니까?

669 - این اتفاق چطورافتاده است؟

인 에테허그 체토르 오프터데?

670. 이것을 지우세요.

670 - این را پاک کنید.

인러 퍼크 코닌

671. (나이든 남자분께)나와 같이 식사하시지요.

671 - بفرمایید با بنده غذا میل کنید.

베화르머인 버 반데 가저 메일 코닌

672. (나이든 남자분)더 드시지요.

672 - بیشتر میل کنید.

비쉬타르 메일 코닌

673. 그 분은 저 아가씨를 사랑합니다.

673 - آن آقا عاشق آن دختر است.

운 어거 어쉐게 운 도크타레

3 교통관계 (육,해,공,세관)

🔵 기본 단어

여권〔고자르너메 (퍼스포르트)〕
گذرنامه (پاسپورت)

비행기(하버페이머)
هواپیما

기차(가터르)
قطار

기념물(쏘거트)
سوغات

트렁크(차마둔)
چمدان

프렛폼(쎄쿠 러헤 어한)
سکوی راه آهن

레일(러헤 어한)
راه آهن

버스(오토부스)
اتوبوس

침대칸(쿠퍼예 타크트러르)
کوپه تخت دار

급행차(가터레 싸리얼쎄이르)
قطار سریعالسیر

이등(다라제예 도봄)
درجه دوم

개찰구(다레 코루지)
در خروجی

짐(버르)
بار

비행장(호르드거흐)
فرودگاه

검사하다(버즈라씨 갸르단)
بازرسی کردن

비행기표(벨리테 하버페이머)
بلیط هواپیما

대기실(오터게 엔테저르)
اطاق انتظار

역, 정거장(이스트거흐)
ایستگاه

자동차(오토모빌)
اتومبیل

환전소(싸러휘)
صرافی

배 (케쉬티)
كشتى

지하철 (가터레 지르쟈미니(메트로))
قطار زير زمينى(مترو)

삼등 (버르바리)
باربرى

세관 (곰로크)
گمرک

일등 (모써훼르바리)
مسافربرى

직원 (커르만드)
كارمند

짐칸 (구쉐버르허)
گوشه بارها

수수료 [커레 모즈드 (하골아말)]
كار مزد(حق العمل)

674. 나는 이렇게 늦어서 죄송합니다.

674- ببخشيد که دير کردم.

베바크쉰 케 디르 캬르담

675. 당신은 자버디씨가 오늘 도착할 것을 알고 있습니까?

675- آيا ميدانيد آقاى جوادى امروز مى رسد؟

어여 미두닌 어거예 자버디 엠루즈 미레쎄?

676. 이짐의 무게를 달아주세요.

676- اين بار را بكشيد.

인 버러 베케쉰

677. 비행기가 이륙합니다.

677- هواپيما پرواز ميكند.

하버페이머 파르버즈 미코네

678. 비행기가 착륙합니다.

678 - هواپیما بزمین مینشیند.

하버페이머 베자민 미쉬네

679. 몇시에 비행기는 이륙합니까?

679 - هواپیما چه ساعتی پرواز میکند؟

하버페이머 체 써아티 파르버즈 미코네?

680. 나는 세개의 가방이 있습니다.

680 - من سه تا چمدان دارم.

만 쎄터 차마둔 더람

681. 내 짐을 등록해 주세요.

681 - چمدانم را ثبت کنید.

차마두남러 싸브르 코닌

682. 당신은 내 짐을 이미 검사했습니까?

682 - شما قبلا چمدان مرا بازرسی کرده بودید؟

쇼머 가불란 차마두네 마러 버즈라씨 캬르데 부딘?

683. 나의 짐을 검사해 주세요.

683 - لطفا چمدان مرا بازرسی کنید.

로트환 차마두네 마러 버즈라씨 코닌

684. 당신은 내 짐을 검사했습니까?

684 - شما چمدان مرا بازرسی کردید؟

쇼머 차마두네 마러 버즈라씨 캬르딘?

685. 이 길이 비행장 가는 길입니까, 이 길입니까? 저 길입니까?

۶۸۵ - این راه به فرودگاه میرود یا آن راه؟

인 러흐 베 훠루드거흐 미레 어 운 러흐?

686. 안내소는 어디에 있습니까?

۶۸۶ - اطلاعات کجاست؟

에떼러어트 코저스트?

687. 언제 마쉬하드행 기차가 출발합니까?

۶۸۷ - قطارمشهد چه وقتی حرکت میکند؟

가터레 마쉬하드 체 바그티 하라캬트 미코네?

688. 마쉬하드 가는데 얼마나 오래 소요됩니까?

۶۸۸ - چند ساعت طول میکشد تا به مشهد برسیم؟

찬드 써아트 툴 미케쉐 터 베 마쉬하드 베라씸?

689. 나는 기차시간을 맞추지 못했습니다.

۶۸۹ - من به موقع به قطار نرسیدم.

만 베 모게 베 가터르 나레씨담

690. 기차는 움직이지 않습니다.

۶۹۰ - قطار حرکت نمیکند.

가터르 하라캬트 네미코네

691. 기차는 빨리 달리고 있습니다.

۶۹۱ - قطار تند حرکت میکند.

가터르 똔드 하라캬트 미코네

692. 이 길은 어디로 가는 길입니까?

692- این راه بکجا میرسد؟

인 러흐 베코저 미레쎄?

693. 그는 역까지 안내해 주었습니다.

693- او مرا تا ایستگاه راهنمایی کرد.

우 마러 터 이스트거흐 러흐나머이 카르드

694. 마지막 기차는 몇시에 출발합니까?

694- آخرین قطار چه ساعتی حرکت میکند؟

어카린 가터르 체 써아티 하라카트 미코네?

695. 나는 역에다 트렁크를 두었습니다.

695- چمدان مرا در ایستگاه جا گذاشتم.

차마두네 마러 다르 이스트거흐 저 고저쉬탐

696. 커션에서 오는 기차는 몇시에 도착합니까?

696- قطار کاشان چه ساعتی میرسد؟

가터레 커션 체 써아티 미레쎄?

697. 기차는 2시에 도착할 것입니다.

697- قطار ساعت ۲(دو) می رسد.

가터르 써아테 도 미레쎄

698. 물건은 내일 도착할 것입니다.

698- وسائل فردا خواهند رسید.

바써옐 화르더 커한드 레씨드

699. 당신은 무슨편으로 오셨습니까?(교통수단)

699 – شما بچه وسیله ای آمده اید؟

쇼머 베 체 바씰레이 우마데 인?

700. 당신은 몇 시에 도착했습니까?

700 – شما چه ساعتی رسیده اید؟

쇼머 체 써아티 레씨데인?

701. 당신은 얼마나 오래 가 계실 것입니까?

701 – شما چند مدت اقامت میکنید؟

쇼머 찬드 모다트 에거마트 미코닌?

702. 버스는 떠나 갔습니까?

702 – اتوبوس حرکت کرده است؟

오토부스 하라캬트 캬르데?

703. 기차가 철로를 탈선했습니다.

703 – قطار از راه آهن دگرگون شده است
(قطار از ریل خارج شده است)

가터르 아즈 러흐어한 데갸로군 쇼데(가터르 아즈 레일 커레즈 쇼데)

704. 많은 사람들이 쏟아져 달려 나왔습니다.

704 – بیشتر مردم به بیرون هجوم آوردند.

비쉬타르 다르돔 베 비룬 호줌 어보르단

705. 나에게 곰가는 일등석 1장 주세요.

705 – یک بلیط مسافری به قم بدهید.

예 벨리테 므써훼리 베 곰 베딘

706. 급행표를 나에게 주세요.

706 - بليط سريع السير بمن بدهيد.

벨리테 싸리오쎄이르 베만 베딘

707. 침대권을 주세요.

707 - كوپه تخت دار را بدهيد.

쿠페예 타크트더리 러 베딘

708. 에스화헌행 왕복표

708 - بليط دو سره به اصفهان

벨리테 도 싸레 베 에스화헌

709. 쉬러즈행 표 두장

709 - دو تا بليط به شيراز

도 터 벨리트 베 쉬러즈

710. 개찰구는 어디입니까?

710 - در خروجى كدام طرف است؟

다레 코루지 코둠 타라훼?

711. 쉬러즈 가는 기차는 몇번 승강장에 섭니까?

711 - قطار به شيراز در ايستگاه شماره چند
توقف ميكند؟

가터르 베 쉬러즈 다르 이스트거흐 쇼머레예 찬드 타바고후 미코네?

712. 이 기차는 쉬러즈에 갑니까?

712 - اين قطار به شيراز ميرود؟

인 가터르 베 쉬러즈 미레?

713. 마쉬하드가는 열차는 몇 시에 떠납니까?

۷۱۳- قطار به مشهد چه ساعتی حرکت میکند؟

가터르 베 마쉬하드 체 써아티 하라캬트 미코네?

714. 버스는 커션에 몇 시에 도착합니까?

۷۱۴- چه ساعتی اتوبوس به کاشان می رسد؟

체 써아티 오토부스 베 커션 미레쎄?

715. 이 기차는 어느 프렛홈에 정차합니까?

۷۱۵- این قطار در کدام سکو توقف میکند؟

인 가터르 다르 코둠 싸쿠 타바고후 미코네?

716. 내 짐은 짐칸안에 있습니까?

۷۱۶- بار من در انبار(بارخانه) است.

버레 만 다르 안버레(버르쿠네예)

717. 이 기차는 이 역에서 몇 분 정차합니까?

۷۱۷- قطار در این ایستگاه چند دقیقه توقف میکند؟

가터르 다르 인 이스트거흐 찬드 다기게 타바고후 미코네?

718. 이 역의 이름은 무엇입니까?

۷۱۸- اسم این ایستگاه چیست؟

에스메 인 이스트거흐 치예?

719. 여기서 야즈드에 가는데 몇 시간이 걸려야 합니까?

۷۱۹- از اینجا تا یزد چند ساعت طول میکشد؟

아즈 인저 터 야즈드 찬드 써아트 툴 미케쉐?

720. 5시간 걸립니다.

۷۲۰ - پنج ساعت طول میکشد.

판즈 써아트 툴 미케쉐

721. 우리는 반시간 더 있어야 출발할 것입니다.

۷۲۱ - ما نیم ساعت دیگر حرکت خواهیم کرد.

머 님 써아테 디게 하라캬트 커힘 캬르드

722. 이 기차는 2시간에 1번씩 있습니다.

۷۲۲ - این قطار دو ساعت یک بار حرکت میکند.

인 가터르 도 써아트 예 버르 하라캬트 미코네

723. 몇 시입니까? 열시입니다.

۷۲۳ - ساعت چند است؟ ساعت ۱۰(ده) است.

써아트 찬데? . 써아테 다헤

724. 나는 이 짐을 선반위에 올려 놓아야 하지요?

۷۲۴ - آیا باید این بارها را روی طاقچه بگذارم؟

어여 버야드 인 버르허러 루예 터그체 베저람?

725. 우리 기차를 놓치지 않게 서두릅시다.

۷۲۵ - عجله کنیم که مبادا قطار برود.(زود باشید، عجله کنید تا قطار نرفته!

아잘레 코님 케 마버더 가터르 베레(주드 버쉰, 아잘레 코닌 터 가 터르 나라프테!)

726. 지금부터 4 ~ 5일…

726 - از حالا تا چهار، پنج روز...

아즈 헐러 터 처허르, 판즈 루즈…

727. 다음 열차편은 야간열차입니다.

727 - قطار بعدی قطار شبانه است.

가터레 바아디 가터레 쇼버네예

728. 1번 열차

728 - قطار شماره یک

가터레 쇼머레예 예

729. 보통열차, 급행열차, 마지막열차

729 - قطار عمومی، قطار سریع السیر، آخرین قطار

가터레 오무미, 가터레 싸리오쎄이르, 어카린 가터르

730. 이 기차는 테헤란에 가는 것이 맞습니까?

730 - درست است که این قطار به تهران میرود؟

도로스테 케 인 가터르 베 테흐런 미레?

731. 기차시간표

731 - ساعات قطار

써어테 가터르

732. 나는 다섯시 기차를 탈 것입니다.

732 - سوار قطار ساعت پنج میشوم.

싸버레 가터르 써아테 판즈 미

733. 나는 기차로 여행을 갈 것입니다.

733 - من با قطار مسافرت میکنم.

만 버 가터르 모써훼라트 미코남

734. 나는 10시에 기차로 도착할 것입니다.

734 - من ساعت ده با قطار خواهم رسید.

만 써아테 다흐 버 가터르 커함 레시드

735. 나는 막 기차를 놓쳤습니다.

735 - دیر به قطار رسیدم.

디르 베 가터르 레씨담

736. 기차는 몇 시에 출발합니까?

736 - قطار چه ساعتی حرکت میکند؟

가터르 체 써아티 하라캬트 미코네?

737. 기차는 막 떠났습니다.

737 - قطار همین الان رفته است.

가터르 하민 알런 라프테

738. 테헤란행 왕복표를 저에게 주십시오.

738 - بلیط دو سره به تهران بمن بدهید.

벨리테 도 싸레 베 마쉬하드 베만 베딘

739. 우리는 기차를 타는데 시간이 맞습니까?

739 - ما به موقع سوار قطار رسیده ایم؟

머 베 모게에 싸버레 가터르 레씨데임?

740. 이 기차 위에서 담배피는 것을 엄금합니다.

740- در این قطار سیگار ممنوع است.

다르 인 가터르 씨거르 맘누에

741. 기차는 정해진 시간에 정확하게 도착했습니다.

741- قطار سر ساعت رسیده است.

가터르 싸레 써아트 레씨데

742. 기차를 놓칠까봐 나는 일찍 도착했습니다.

742- چون دیر برسانم زود آمده ام.

춘 디르 베라써남 주드 우마데암

743. 기차를 놓칠까봐 두려워할 필요가 없습니다.

743- لازم ندارد که دلتان نگیرید سوار قطار نشوید.

러젬 나더레 케 델레툰 나기린 싸버레 가터르 나쇠빈

744. 곰에서 오는 기차는 몇시에 도착합니까?

744- قطاری که از قم می آید چه ساعتی میرسد؟

가터리 케 아즈 곰 미어드 체 써아티 미레쎄?

745. 기차는 얼마나 늦어집니까?

745- قطار چقدر دیر رسیده است؟

가터르 체가드르 디르 레씨데?

746. 기차는 싸기도 하고 빠르기도 합니다.

746- قیمت بلیط قطار ازران است و هم سریع است.

게이마톄 벨리테 가터르 아르주네 바 함 싸리에

747. 역은 얼마나 멉니까? 멀지 않습니다.

747- ایستگاه چقدر دور است؟ دور نیست.

이스트거흐 체가드르 두레? 두르 니스트

748. 이 차는 가즈빈에 갑니까?

748- این ماشین به قزوین میرود؟

인 머쉰 베 가즈빈 미레?

749. 마쉬하드행 차는 몇시에 출발합니까?

749- ماشین به مشهد چه ساعتی حرکت میکند؟

머쉰 베 마쉬하드 체 써아티 하라캬트 미코네?

750. 몇시에 차가 쉬러즈에 도착합니까?

750- ساعت چند به تبریز میرسد؟

써아테 찬드 베 타브리즈 미레쎄?

751. 나는 짐칸에 두개의 트렁크가 있습니다.

751- من در گوشه بارها دو تا چمدان را گذاشته ام.

만 다르 구쉐 버르허 도 터 차마둔러 고저쉬테암

752. 운전사에게 나를 위해 자동차를 준비하도록 이르십시오.

752- به آقای راننده بگویید که برای من ماشین را آماده کند.

베 어거예 러난데 베긴 케 바라만 머쉰 러 어머데 코네

753. 나를 이 주소로 데려다 달라고 말하세요.

753 - بگویید مرا به این آدرس ببرد.

베긴 마러 베 인 어드레스 베바레

754. 사고가 나서 나는 좀더 일찍 도착하지 못했습니다.

754 - بخاطر اتفاق بیشتر از زود نمی رسیده ام.

베커터레 에테훠그 비쉬타르 아즈 주드 네미레씨데암

755. 이 차는 느립니다.

755 - این ماشین کند میرود.

인 머쉰 콘드 미레

756. 이 길은 부두까지 이릅니다.

756 - این راه به وارد بندر میرسد.

인 러흐 베 버레데 반다르 미레쎄

757. 차를 빨리 운전하세요.

757 - ماشین را زود راندگی کنید.

머슌러 주드 러난데기 코닌

758. 이 버스는 사람이 가득 찼습니다.

758 - این اتوبوس پر از مسافران است.

인 오토부스 포르 아즈 모써훠러네

759. 차가 뒤집어졌습니다.

759 - ماشین سر و پایین شد.

머쉰 싸로 퍼인 쇼드

760. 당신 차 타이어에 바람이 빠졌습니다.

760 - لاستیک شما کم باد بود.

러스티케 쇼머　버드 부드

761. 버스를 놓쳤습니다.

761 - اتوبوس حرکت کرده بود.

오토부스 하라캬트 캬르데 부드

762. 차 바퀴는 터졌습니다.

762 - چرخه ماشین پنچک شد.

차르케예 머쉰 판차크 쇼드

763. 나는 자동차 사고를 당했습니다.

763 - تصادف اتفاق افتاده شد.

타써도프 에테훠그 오프터데 쇼드

764. 이 차는 임대할 수 있습니까?

764 - این ماشین کرایه ای است؟

인 머쉰 케러예이예?

765. 이 차는 임대하지 않습니다.

765 - نخیر، این ماشین کرایه ای نیست.

나케이르, 인 머쉰 케러예이 니스트

766. 그 차는 전속력으로 달립니다.

766 - آن ماشین با تمام سرعت می دود.

운 머쉰 버 타머메 쏘르아트 미다베

767. 두 차는 서로 부딪쳤습니다.

767 - دو ماشین برخورد شدند.

운 머쉰 바르코르드 쇼단

768. 내가 서명해야 합니까?

768 - من امضا بکنم؟

만 엠저 베코남?

769. 나는 언제 ‘호머’ 기가 메흐라버드공항에 도착할지 모릅니다.

769 - نمی دانم که هواپیمای هما به فرودگاه مهر آباد می نشیند.

네미 두남 케 하버페이머에 호머 베 훠루드거헤 메흐라버드 미쉬네

770. 이 배는 평균 속도로 달립니다. 매일 300마일씩 입니다.

770 - این کشتی با سرعت متوسط میرود. هر روز ۳۰۰(سیصد) مایل میرود.

인 케쉬티 버 쏘르아테 모타바쎄트 미레. 하르 루즈 씨싸드 머옐 미레

771. 우리의 짐을 여기서 조사해야 합니까?

771 - در اینجا چمدان مارا بررسی بکنیم؟

다르 인저 차마두네 머러 바르라씨 보코님?

772. 언제 세관에서 우리의 가방을 검사합니까?

772 - کی در گمرک چمدان ما را بررسی میکند؟

커이 다르 곰러크 차마두네 머러 바르라씨 미코네?

● 기본 단어

욕실(함멈)	웨이터(피쉬케드마트)	호텔(호텔)
حمام	پیشخدمت	هتل

엘리베이터(어썬쑤르)	아래층(타바게 예 퍼인)	침실(오터게 컵)
آسانسور	طبقه پایین	اتاق خواب

더블베드(타크테 커베 도 나화르)		침대(타크테 컵)
تخت خواب دو نفر		تخت خواب

에어콘(쿨레르)		에스컬레이터(펠레예 바르기)
کولر		پله برقی

팁(엔엄)	탈의실(오토게 페로브)	돈 받는 곳〔기쉐(피쉬컨)〕
انعام	اتاق پرو	گیشه(پیشخوان)

슬리퍼(담퍼이)	잠옷(레버쎄 컵)	냉수(어베싸르드)
دمپایی	لباس خواب	آب سرد

스프(쑵)	점심식사(너허르)	식탁(미제 너허르코리)
سوپ	ناهار	میز ناهار خوری

커피(가흐베)	과자(쉬리니)	빵(눈)
قهوه	شیرینی	نان

계산하다 (헤쌉 캬르단)
حساب کردن

얼음 (야크)
یخ

맥주 (업조)
آبجو

2층 (타바게에 도봄)
طبقه دوم

쓰다 (탈케)
تلخ است

달다 (쉬리네)
شیرین است

이란음식 (가저예 이러니)
غذای ایرانی

침대시트 (말러훼예 타크테 컵)
ملافه تخت خواب

작은탁자 (미제 쿠체크)
میز کوچک

락커 (싼두그)
صندوق

한국음식 (가저예 코레이)
غذای کره ای

신문 (루즈너메)
روزنامه

큰 침대 (타크테 커베 보조르그)
تخت خواب بزرگ

거울 (어예네)
آینه

담요 (파투)
پتو

끓인물 (어베 쥬쉬)
آب جوش

화장실 〔다스트슈이(토어레트)〕
دستشویی (توالت)

음식점 (레스토런)
رستوران

카운터 (피쉬컨)
پیشخوان

로비 (러비)
لابی

세면실 (다스트슈이)
دستشویی

도어맨 (다트번)
دربان

관리인, 지배인 (모디레 에더리)
مدیر اداری

아이스크림 (바스타니)
بستنی

밥 (폴로 바 첼로)
پلو و چلو

아침식사 (쏩허네)
صبحانه

맵다 (툰데)
تند است

맛있다 (코쉬마제예)
خوشمزه است

메뉴 (수라테 가저〔메누〕)
صورت غذا)(منو)

담배 (씨거르)
سیگار

시다 (토르쉐)
ترش است

짜다 (슈레)
شور است

소스(쏘스)
سوس

소금(나마크)
نمک

라이타(환다크)
فندک

프랑스음식(가저예 화런쎄이)
غذای فرانسه ای

저녁식사(섬)
شام

고추(훠휄레 게르메즈)
فلفل قرمز

과일(미베)
میوه

서양음식(가저예 가르비)
غذای غربی

스푼(거쇼그)
قاشق

나이프[커르드(처구)]
کارد(چاقو)

버터[갸레]
کره

장(간장)(쏘세 치니(쏘이쏘스))
شکر   سوس چینی (سوی سوس)

설탕(쉐캬르)
شکر

성냥(케브리트)
کبریت

생강(잔즈빌)
زنجبیل

식초(쎄르케)
سرکه

후추(훨훨레 씨여흐)
فلفل سیاه

젓가락[춥페 가저 코리(첩 에스틱)]
چوپ غذاخوری(چاپ استیک)

포크(찬걸)
چنگال

맛없다, 싱겁다(비 마제예(나마케, 비 나마케)
سیر   بی مزه است (کم نمک، بی نمک است)

마늘(씨르)
سیر

마요네즈 소스(쏘쎄 머요네즈)
سوس مایونز

재털이, 담배(저 씨거리)
جا سیگاری

773. 나에게 이 방은 너무 작습니다.
773- این اتاق برای من خیلی کوچک است.
인 오터그 바러예 만 케일리 쿠체케

774. 보다 나은 방을 나에게 보여주세요.

۷۷۴- اتاقی که بهتر از این باشد را نشان بدهید.

오터기 케 베흐타르 아즈 인 버쉐 러 네슌 베딘

775. 나는 이 방을 갖겠습니다.

۷۷۵- من این اتاق را میگیرم.

만 인 오터그러 미기람

776. 내 방을 정리해 주십시오.

۷۷۶- اتاقم را مرتب کنید.

오터감 러 모라탑 코닌

777. 여기에는 자리가 없습니다.

۷۷۷- اینجا جا وجود ندارد.

인저 저 보주드 나더레

778. 당신은 여전히 그 호텔에 머물고 계시지요?

۷۷۸- شما همیشه در آن هتل میمانید؟

쇼머 하미쉐 다르 운 호텔 미무닌?

779. 내 옷에 솔질을 해 주세요.

۷۷۹- لباسم را برس بکشید(لباسم را باماهوت پاک کن تمیز کنید).

레버쌈러 브르쓰 베케쉰(레버쌈러 버 머후트퍼크콘 타미즈 코닌)

780. 내가 있는 호텔은 시내 중심에 있습니다.

۷۸۰- هتلی که هستم در مرکز شهر واقع شده است.

호텔리 케 하스탐 다르 마르캬제 솨흐르 버게 쇼데

781. 나는 호텔로 돌아갈 예정입니다.

781 - من به هتل برخواهم گشت.

만 베 호텔 바르커함 가쉬트

782. 보이에게 말하여 침대를 가져오라고 하세요.

782 - به پیشخدمت بگویید تخت خواب را بیاورد.

베 피쉬케드마트 베긴 타크테 컵러 비어레

783. 나는 이 여관에 머물 생각이 없습니다.

783 - من نمیخواهم در این مهمان خانه بمانم.

만 네미컴 다르 인 메흐문쿠네 베무남

784. 나를 위해 짐을 챙겨 주세요.

784 - بارهای مرا ببندید.

버르헤예 마러 베반딘

785. 우리는 어느 호텔에 머무릅니까?

785 - ما در کدام هتل بمانیم؟

머 다르 코둠 호텔 베무님?

786. 이 방 안으로 나의 짐을 가져다 주세요.

786 - بارهای مرا به داخل این اتاق بیاورید.

버르허예 마러 베 더켈레 인 오터그 비어린

787. 나는 단지 하룻밤만 그 호텔에 머물렀습니다.

787 - من فقط یک شب در آن هتل مانده بودم.

만 화가트 예   다르 운 호텔 문데 부담

☞ 이란을 여행할 때는 그 지역마다 최고급 호텔부터 다양한 형태의 숙박시설이 있다. 그 중에서도 비용이 저렴하고 특징적인 분위기를 느끼려면 '메흐먼커네(즉, 손님을 위한 집이란 의미)'라는 여관을 정하는 것이 좋다.

☞ 古都를 가면 전통찻집(즉, 처이 커네)이 있는데, 수초(물담배)와 이란식 홍차를 판다. 가격도 저렴하고 가장 이란적인 맛을 느낄 수 있다.

788. 나는 늦게 잠자러 갑니다.

788- من دیر به اتاق خواب میروم.

만 디르 베 오터게 컵 미람

789. 나는 이 옷을 갈아입어야만 합니다.

789- من باید این لباس را عوض کنم.

만 버야드 인 레버쓰러 아바즈 코남

790. 7시에 나를 깨울 것을 잊지마세요.

790- فراموش نکنید مرا ساعت ۷(هفت) بیدار کنید.

화러무쉬 나코닌 마러 써아테 하프트 비더르 코닌

791. 나의 짐을 호텔로 옮깁시다.

791- بارهای مرا به هتل ببرید.

버르허예 마러 베 호텔 베바린

792. 내 짐은 역에 있습니다.

792- چمدان من در ایستگاه هست.

차마두네 만 다르 이스트거흐 하스트

793. 이 짐은 너무 무겁습니다.

793- این بارها خیلی سنگین اند.

인 버르허 케일리 쌍긴안

794. 당신은 아직까지 호텔에 머무르시겠지요?

794- شما هنوز در هتل میمانید؟

쇼머 하누즈 다르 호텔 미무닌?

795. 당신은 나에게 에스테그럴 호텔이 어디에 있는
지 알려 주실 수 있습니까?

795 - شما میتوانید بمن بگویید هتل استقلال
کجاست؟

쇼머 미투닌 베만 베긴 호텔레 에스테그럴 코저스트?

796. 어디에 좋은 호텔이 있습니까?

796 - هتل خوب کجاست؟

호텔레 쿱 코저스트?

797. 나는 이 호텔에 머물 것입니다.

797 - من در این هتل خواهم ماند.

만 다르 인 호텔 커함 문드

798. 나의 트렁크를 잠궈주세요.

798 - چمدان مرا قفل کنید.

차마두네 마러 고플코닌

799. 우리는 짐이 어디에 있는지 조사해 보도록 해야
할 것입니다.

799 - ما باید باز رسی کنیم تا بفهمیم بارهایم
کجاست.؟

머 버야드 버즈레씨 코님 터 베화흐밈 버르허얌 코저스트?

800. 우리는 여름 내내 여기서 머물 것입니다.

800 - ما تمام تابستان در اینجا خواهیم ماند.

머 타머메 터베스턴 다르 인저 커힘 문드

801. 당신은 이 도시에서 얼마나 머무르실 것입니까?

801 - شما چند مدت در این شهر خواهید ماند؟

쇼머 찬드 모다트 다르 인 쇠흐르 커힌 문드?

802. 나는 따로 욕실이 붙어있는 넓은 방 한칸을 원합
니다.

802 - من یک اتاق بزرگ حمامدار میخواهم.

만 예 오터게 보조르게 함맘더르 미컴

803. 나는 짐을 챙겨야 합니다.

803 - من باید بار را ببندم.

만 버야드 버르러 베반담

804. 이 베개는 너무 딱딱합니다. 좀 더 푹신한 것으
로 주세요.

804 - این بالش خیلی سفت است. بالش نرمتری
بدهید.

인 벌레쉬 케일리 쎄프테. 벌레쉐 나르므타리 베딘

805. 이 방은 몇호입니까?

805 - این اتاق شماره چند است؟

인 오터그 쇼머레예 찬데?

806. 내 방은 33호입니다.

806 - شماره اتاقم سی و سه است.

쇼머레예 오터감 씨오쎄예

807. 여기서 목욕을 합니까?

807 - آیا در اینجا حمام میگیرید؟

어여 다르 인저 함멈 미기린?

808. 나는 목욕하기를 원합니다.

808 - من میخواهم حمام بگیرم.

만 미컴 함멈 베기람

809. 나는 밤새 깨어 있었습니다.

809 - من تمام شب بیدار مانده ام.(من در طول شب بیدار بودم)

만 타머메 쇼 비더르 문데암(만 다르 툴레   비더르 부담)

810. 어떤 호텔이 테헤란에서 가장 좋습니까?

810 - کدام هتل در تهران بهترین هتل است؟

코둠 호텔 다르 테흐런 베흐타린 호텔레?

811. 엥겔럽 호텔이 가장 좋습니다.

811 - هتل انقلاب بهترین هتل است.

호텔레 엔겔럽 베흐타린 호텔레

812. 나는 먼저 지불하겠습니다.

812 - من جلوتر از شما حساب میکنم.

만 졸로타르 아즈 쇼머 헤썹 미코남

813. 오늘밤 우리가 머물 곳을 어디에서 찾을 수 있을
까요?

813 - امشب جایی است که خواهیم ماند کجاست؟

엠　저이 아스트 케 커힘 문드 코저스트?

814. 큰 트렁크를 제외한 나의 모든 짐을 나에게 갖다
주세요.

814 - غیر از چمدان بزرگی تمام بارم را بیاورید.

게이르 아즈 차마두네 보조르기 타머메 버람 러 비어린

815. 나는 저번주 일요일부터 이 호텔에 머물렀습니다.

815 - من ازیکشنبه هفته گذشته در این هتل
مانده ام.

만 아즈　　베예 하프테예 고자쉬테 다르 인 호텔 문데암

816. 나에게 모자와 신발을 가져다 줘요.

816 - کلاه و کفش را برای من بیاورید.

코러흐 바 캬푸쉬러 바럼 비어린

817. 이것을 역까지 가져다 주세요.

817 - این را به ایستگاه ببرید.

인러 베 이스트거흐 베바린

818. 나에게 몇개의 봉투 좀 가져다 주세요.

818 - برای من چند تا پاکت بدهید.

바럼 찬드 터 퍼캐트 베딘

819. 럴레 호텔로 나의 짐을 보내주세요.

819 - به هتل لاله بارهای مرا ببرید.

베 호텔레 럴레 버르허예 마러 베바린

820. 나의 호텔은 길모퉁이에 있습니다.

820 - هتل من در گوشه خیابان واقع شده است.

호텔레 만 다르 구쉐예 키어분 버게 쇼데

821. 그것을 싸 주십시오.

821 - آن را ببندید.

우너 베반딘

822. 나는 프랑스 음식이 먹고 싶습니다.

822 - دلم هوس غذای فراسوی را کرده است.

델람 하바쎄 가저예 화런싸비러 캬르데

823. 우리 지금 밥을 먹읍시다.

823 - الان غذا بخوریم.

알런 가저 보코림

824. 우리 먹으러 갑시다.

824 - برویم غذا بخوریم.

베림 가저 보코림

825. 나는 더 먹고 싶지 않습니다.

825 - من نمیخواهم بیشتر بخورم.

만 네미컴 비쉬타르 보코람

826. 당신은 배가 고프십니까?

826 - گرسنه هستید؟

고로스네 하스틴?

827. 이 음식은 아주 매워요.

827 - این غذا خیلی تند است.

인 가저 케일리 톤데

828. 이 식품은 나쁩니다.(좋지 않습니다)

828 - این خوراکی بد است.

인 코러키 바데

829. 이 컵에 홍차를 더 따르세요.

829 - در این استکان بیشتر چای بریزید.

다르 인 에스테컨 비쉬타르 처이 베리진

830. 물이 충분하지 않습니다.

830 - آب کافی نیست.

업 커피니스트

831. 당신은 빵이 충분합니까?

831 - آیا نان شما کافی است؟

어여 누네 쇼머 커피예?

832. 예, 나는 충분합니다.

832 - بله، کافی است.

발레, 커피예

833. 이거면 충분합니다.

833 - این کافی است.

인 커피예

834. 당신은 젓가락을 사용할 줄 아십니까?

834 - آیا شمابلد هستید از چاپ استیک استفاده کنید؟

어여 쇼머 발라딘 아즈   에스   에스테훠데 코닌?

835. 당신은 서양음식을 요리할 줄 아십니까?

835 - آیا شما میتوانید غذای اوپایی را درست کنید؟

어여 쇼머 미투닌 가저예 오루퍼이 러 도로스트 코닌?

836. 당신은 식대를 포함한 숙박비로 100달러를 내야 합니다.

836 - کرایه شما باغذا ۱۰۰دلار میشود.

케러예예 쇼머 버 가저 싸드 돌러르 미쉐

837. 주 요리는 스테이크입니다.

837 - غذای عمده بیفتک (استیک) است.

가저예 비후테케(에스티케)

838. 삼키기 전에 음식을 씹으세요.

838 - قبل از بعلیدن غذا را بجوید.

가불 아즈 바알리단 가저러 베자빈

839. 이 음식은 싱겁습니다.

839 - این غذا بی نمک است.

인 가저 비 나마케

840. 나는 배가 부르도록 먹었습니다.

840 - من سیرغذا خورده ام(من غذای سیری خورده ام).

만 씨르가저 코르데암(만 가저예 씨리 코르데암)

841. 몇가지 이란음식은 나에게 맞지 않습니다.

841 - چند تا از غذاهای ایرانی برای من مناسب نیستند.

찬드 터 아즈 가저허예 이러니 바럼 모너 니스탄

842. 당신은 매우 많이 먹습니다.

842 - شماخیلی پر خور هستنید(شما پرخوری میکنید).

쇼머 케일리 포르코르 하스틴(쇼머 포르코리 미코닌)

843. 나는 아침에 커피를 마시는 습관이 있습니다.

843 - من عادت دارم که هر صبح قهوه بخورم.

만 어다트 더람 케 하르 쏩 가흐베 보코람

844. 이 빵에 치즈(이란식)를 조금 바릅시다.

844 - به این نان کمی پنیر بمالید(لای این نان کمی پنیر بگذارید).

베 인 눈 캬미 파니르 베멀린(러예 인 눈 캬미 파니르 베저린)

845. 당신은 양고기를 좋아하십니까?

845- آیا شما گوشت گوساله دوست دارید؟

어여 쇼머 구쉬테 구썰레 두스트 더린?

846. 이 고기는 아직 설었습니다.

846- این گوشت هنوز نپخته است.

인 구쉬트 하누즈 나포크테

847. 이것은 내가 좋아하는 음식입니다.

847- این غذایی است که من خیلی دوست دارم.

인 가저이예 케 만 케일리 두스트 더람

848. 이 컵을 좀 헹궈주십시오.

848- این لیوان را آب بزنید.

인 리번러 업 베자닌

849. 이 음식은 좋습니다.

849- این غذا خوب است.

인 가저 쿠베

850. 웨이터가 나를 위해 돈을 계산합니다.

850- پیشخدمت برای من حساب میکند.

피쉬케드마트 바럼 헤썹 미코네

☞ 이란의 전통음식인 '업구쉬트'는 식사 방법과 맛이 전통적
이라 외국인들은 시식해 보는 것이 좋다. 시식방법은 우선
음식의 덩이를 빈 그릇에 담고 손방아로 덩이를 갈아 그 안
에 국물을 붓는다. 그 후 식성에 따라 이란식 빵을 적당한
크기로 잘라 국물에 담았다가 반찬과 야채와 함께 먹는다.

5 관 광

● 기본 단어

풍경 (만자레)
منظره

묘 (가브르)
قبر

고적 (에머라트허예 가디미)
عمارت های قدیمی

자전거 (도차르케)
دوچرخه

택시 (턱씨)
تاکسی

도서관 (케텁쿠네)
کتابخانه

안내원 (러흐나머)
راهنما

오토바이 (모토르씨클레트)
متورسیکلت

구경가다 (타머셔 캬르단)
تماشا کردن

표 파는 사람 (벨리트훠루쉬)
بلیطفروش

식당 (레스토런)
رستوران

동물원 (버게바흐쉬)
باغ وحش

운전사 (러난데)
راننده

공중화장실 (다스트쉬이예 오무미)
دستشویی عمومی

사원 (마쓰제드)
مسجد

버스터미널 (토르미널레 오토부스)
ترمینال اتوبوس

시내 (번화한 거리) (마르캬제 쇠흐르)
مرکز شهر

박물관 (무제)
موزه

버스정류장(이스트거헤 오토부스)　영화관(씨네머)　통역자(모타르젬)

ایستگاه اتوبوس　راهنما　مترجم

고적지(마할레 가디미)　관광버스(오토부세 자현갸르디)

محل قدیمی　اتوبوس جهانگردی

교회(켈리써)　역(이스흐거흐)　식물원(골쿠네)

کلیسا　ایستگاه　گل خانه

공원(퍼르크)　대사관(쎄훠라트쿠네)　은행(번크)

پارک　سفارتخانه　بانک

노점상(가판대)(다스트훠루쉬)

دستفروش

851. 당신은 쉬러즈에 몇번 머문적이 있습니까?

851 - شما چند بار در شیراز مانده بودید؟

쇼머 찬드 버르 다르 쉬러즈 문데 부딘?

852. 오늘 나는 어쩔 수 없이 테헤란을 떠나야 합니다.

852 - امروز باید ناچارا تهران را ترک کنم.

엠루즈 버야드 너처란 테흐룬 러 타르크 코남

853. 나는 피곤하기 때문에 시내에 나가지 않습니다.

853 - من از زور خستگی به مرکز شهر نمیروم.

만 아즈 주레 카스테기 베 마르캬제 쇼흐르 네미람

854. 비가 오기 때문에 시내에 가지 않습니다.

854 - بخاطر باران به مرکز شهر نمیروم.

베커테레 버룬 베 마르캬제 쇼흐르 네미람

855. 당신 덕에 내가 테헤란에 머물고 있던 동안 매우
즐거웠습니다.

855 - ازمرحمت شما در طی اقامت در تهران به
من خیلی خوش گذشت.

아즈 마르하마테 쇼머 다르 테이예 에거마트 다르 테흐런 베 만 케
일리 코쉬 고자쉬트

856. 나는 이란 사람의 따뜻한 성격에 매우 감탄합니다.

856 - از مهربانی ایرانی ها تعجب میکنم.

아즈 메흐르버니예 이루니허 타아좁 미코남

857. 이 그림들은 매우 아름답습니다.

857 - این نقاشیها خیلی زیبا هستند.

인 나거쉬허 케일리 지버 하스탄

858. 겨울에 다머반드산을 오를 수 있습니까?

858 - آیا در زمستان میشود از کوه دماوند بالا رفت؟

어여 다르 제메스턴 미쉐 아즈 쿠헤 다머반드 벌러 라프트?

859. 아니요, 할 수 없습니다.

859 - نخیر، امکان ندارد.

나케이르, 엠컨 나더레

860. 당신은 보입니까?

860 - آیا شما میبینید؟

어여 쇼머 미비닌?

861. 예, 나는 보입니다.

861 - بله، میبینم.

발레, 미비남

862. 당신은 무엇이 보입니까?

862 - شما چه میبینید؟

쇼머 처 미비닌?

863. 나는 아무것도 보이지 않습니다.

863 - من هیچ چیر را نمیبینم.

만 히치 치즈러 네미비남

864. 나는 그것을 본 적이 없습니다.

864 - من آنرا ندیده بودم.

만 우너 나디데 부담

865. 우리 가서 봅시다.

865 - برویم ببینیم.

베림 베비님

866. 이 도시에는 인구가 얼마나 됩니까?

866 - جمعیت این شهر چقدر میشود؟

잠미야테 인 쇼흐르 체가드르 미쉐?

867. 나는 한발자국도 내디딜 수 없을 정도로 피곤합
니다.

867 - من آنقدر خسته ام که حتی یک قدم هم
نمیتوانم بردارم.

만 운가드르 카스테암 케 핟터 예 가담 하마 네니투남 바르더람

868. 이 교회는 매우 오래되었습니다.

868 - این کلیسا خیلی قدیمی است.

인 켈리써 케일리 가디미예

869. 나는 안내하는 사람이 필요합니다.

869 - من به راهنما احتیاج دارم.

만 베 러흐나버 에흐티어즈 더람

870. 내가 길을 알려드리겠습니다.

870 - من برای شما از راه خبر میدهم(من راه را به
شما نشان میدهم).

만 바러툰 아즈 러흐 카바르 미담(만 러흐러 베헤툰 네슌 미담)

871. 우리 다른 곳으로 갑시다.

871 - به جای دیگری برویم.

베 저예 디갸리 베림

872. 이 자리에 앉을 사람이 있습니까?

872 - آیا اینجا جای کسی می باشد(است)؟

어여 인저 저예 캬씨 미버쉐(예)?

873. 실례하지만 여기는 제자리입니다.

873 - ببخشید ولی اینجا جای من است.

베바크쉰 발리 인저 저예 마네

874. 저를 위해 이 자리좀 지켜주세요.

874 - لطفا جای مرا نگاه دارید.

로트환 저예 마러 네거흐 더린

875. 이 자리는 비었습니까?

875 - این جا خالی است؟

인 저 컬리예?

876. 나는 앉을 자리를 예약하고 싶습니다.

876 - میخواهم جای خالی رزرو کنم.

미컴 저예 컬리 레제르브 코남

877. 두 자리를 예약해 주세요.

877 - دو صندلی را رزرو کنید.

도 싼다리러 레제르브 코닌

878. 이 사원은 명성이 있습니다.

878 - این مسجد مشهور است.

인 다쓰제드 마쉬후레

879. 나는 다가올 유럽 여행을 위해 돈을 저축하고 있습니다.

879 - من برای سفر به اروپا در آینده پس انداز میکنم.

만 바러예 싸화르 베 오루퍼 다르 어얀데 파스안더즈 미코남

880. 꽤 아름답군요. 한라산은 한국의 가장 아름다운 산입니다.

880 - با شکوه است. کوه هن لا زیباترین کوه کره است.

버 쇼쿠헤. 쿠헤 한 러 지버타린 쿠헤 코레예

881. 언제 공연은 시작됩니까?

881 - فیلم کی شروع میشود؟

필름 케이 쇼루그 미쉐?

882. 영화가 이미 시작했습니다.

882 - فیلم شروغ شده است.

필름 쇼루그 쇼데

883. 나는 어제 테헤란에 도착했습니다.

883 - من دیروز به تهران رسیدم.

만 디루즈 베 테흐런 레씨담

884. 언제 당신은 에스화헌에 갈겁니까?

۸۸۴ - کی به اصفهان میروید؟

케이 버 에스화헌 미린?

885. 나는 다음주에 그곳에 갈겁니다.

۸۸۵ - من هفته آینده به آنجا میروم.

만 하드테예 어얀데 베 운저 미람

886. 나는 마쉬하드에 가고 싶습니다.

۸۸۶ - میخواهم به مشهد بروم(دلم میخواهد به مشهد بروم).

미컴 께 마쉬하드 베람(델람 미커드 베 마쉬하드 베람)

887. 나는 유럽으로 가기로 결정했습니다.

۸۸۷ - تصمیم گرفتم که به اروپا بروم.

타스밈 게레푸탐 케 베 오루퍼 베람

888. 우리는 출발일을 결정해야 합니다.

۸۸۸ - ما باید روز حرکت را معین کنیم(تعیین کنیم).

머 버야드 루제 하라캬트러 모아얀 코님(타아인 코님)

889. 최근에 이곳은 많이 변했습니다.

۸۸۹ - اخرا اینجا خیلی تغییر کرده است.

아키란 인저 케일리 타그이르 캬르데

890. 내일 비가 온다면, 우리는 어디에 가지요?

890 - اگر فردا باران بیاید، ما به کجا میرویم؟

아게 화르더 버룬 비어드, 머 베 코저 미림?

891. 당신은 곰에 자주 갑니까?

891 - آیا اغلب به قم میروید؟

어여 아글랍 베 곰 미린?

892. 예, 나는 그곳에 자주 갑니다.

892 - بله، اغلب میروم.

발레, 아글랍 미람

893. 나는 길을 잃었습니다.

893 - راه را گم کرده ام.

러흐 러 곰 캬르데암

894. 나는 시내 곳곳을 돌아다녔습니다.

894 - من همه شهر گشته ام.

만 하메 쇼흐르 갸쉬테암

895. 나는 프랑스에 갈 수 있기를 바랍니다.

895 - امیدوارم که بتوانم به فرانسه بروم.

오미드버람 케 베투남 베 화런쎄 베람

896. 나는 그곳에서 여러번 머물렀습니다.

896 - من چندین بار در آنجا مانده بودم.

만 찬딘 버르 다르 운저 문데 부담

897. 나의 가장 큰 바램은 남부지방을 방문하는 것입
니다.

897 - بزرگترین آرزوی من این است که از قسمت
جنوبی بازدید بکنم.

보조르그타린 어르주예 만 이네 케 아즈 게스마테 조누비 버즈디드
보코남

898. 이번이 두번째로 내가 테헤란에 왔습니다.

898 - این باردومین بار است که به تهران آمده ام.

인 버르 도보민 버레 케 베 케흐런 우미데암

899. 그곳은 경치가 아름답습니다.

899 - منظره آنجا قشنگ است.

만자레예 운저 가샹게

900. 나는 그 이상한 풍속들을 좋아합니다.

890 - من سنتهای عجیب را دوست دارم.

만 손나트허예 아집 러 두스트 더람

901. 그 광경은 나로 하여금 전신을 떨게 했습니다.

901 - بخاطر آن منظره لرزه به بدنم افتاده بود(از
دیدن آن منظره لرزه بر بدنم افتاده بود).

베커테레 운 만자레 라르제 베 바다남 오프터데 부드(아즈 디다네
운 만자레 라르제 바르 바다남 오프터데 부드)

902. 우리 먼저 박물관을 가고 그 후에 공원을 갑시다.

902 - اول به موزه برویم بعد به پارک.

아발 베 무제 베림 바드 베 퍼르크

903. 이 철길을 따라 많은 집들이 있습니다.

903 - در ادامه این خط راه آهن خانه های زیادی واقع شده است.

다르 에더메예 인 카테 러흐 어한 쿠네허예 지여디 버게 쇼데

904. 쉬러즈에 도착한 후에 우리는 에스화헌에 갈 것입니다.

904 - بعد از به رسیدن شیراز ما به اصفهان میرویم.

바드 아즈 레씨다네 쉬러즈 머 베 에스화헌 미림

905. 이 지방에는 많은 명승지가 있습니다.

905 - در این استان محلی مشهور زیاد وجود دارد.

다르 인 오스턴 마할리 마쉬후레 지여드 보주드 더레

906. 나는 세계 일주여행을 하고 싶습니다.

906 - من میخواهم تمام جهان را سفر بکنم.(دلم میخواهد به دور دنیا سفرکنم.)

만 미컴 타머메 자헌러 싸화르 베코남(델람 미커드 베 도레 도니어 싸화르 코남)

907. 당신은 아주 좋은 안내인입니다.

907 - شما راهنمای خوبی هستید.

쇼머 러흐나머예 쿠비 하스틴

☞ 이란에서 여행할 때 외국인들에게 반드시 필요한 것은 화장실용 휴지이다. 이란은 물이 휴지의 역할을 하기 때문에 각자가 준비해야 한다. 물론 고급호텔은 구비되어 있다.

🔵 **기본 단어**

옷가게(레버쓰 훠루쉬)
لباس فروشی

매매(카리도 훠루쉬)
خرید و فروش

문구점(라버젬오타흐리르훠루쉬)
لوازم التحریر فروشی

책방(케텁훠루쉬)
کتاب فروشی

와이셔츠(피러하네 마르더네)
پیراهن مردانه

나이론(너이룬)
نایلون

바지(솰버르)
شلوار

신발(캬푸쉬)
کفش

넥타이핀(싼저게 크러버트)
سنجاق کراوات

팔찌(알랑구)
النگو

와이셔츠가게(피러한훠루쉬)
پیراهن فروشی

면(팜베)
پنبه

인형(아루싹)
عروسک

잡화점(마거제이예 케 젠스허예 모타화레게 더레)
مغازه ای است که جنس های متفرقه دارد

허리띠, 벨트(캬마르반드)
کمربند

비옷, 우비(버루니)
بارانی

스커트(더만)
دامن

금(탈러)
طلا

다이아몬드(알머스)
الماس

귀걸이(구쉬버르)
گوشوار

노랑(탈러이)
طلایی

하얀(쎄휘드)
سفید

좋은(쿱)
خوب

두꺼운(콜로프트)
کلفت

긴(데러즈)
دراز

갈색의(가흐베이)
قهوه ای

넥타이(크러버트)
کراوات

비싸다(게루네)
گران است

신발가게(캬퍼쉬)
کفاشی

값을 높게 부르다(게이마트러 게룬타르 미걍)
قیمت را گرانتر میگویند

망토(먼토) *
مانتو

손목시계(써아테 모치)
ساعت مچی

상인(훠르샨데)
فروشنده

* 이슬람공화국 이후에 생긴 이슬람식 여성의류로 망토모양의 코트이다.

귀금속(자버헤러트)
جواهرات

마그나에(마그나에) *1
مقنعه

루푸쉬(루푸쉬) *2
روپوش

*1 초, 중고, 대의 여학생들과 여성공무원들이 머리에 쓰는 이란 이슬람식 베일

*2 무릎까지 오는 이란 이슬람식 여성의류

크기, 치수(안더제)
اندازه

벽시계(써아테 디버리)
ساعت دیواری

시계(써아트)
ساعت

반지〔할게(안고쉬타르)〕	양말(쥬럽)	염주(타쓰비흐)
حلقه(انگشتر)	جوراب	تسبیح
꽃가게(골휘루쉬)	외투(코트)	실크(아브리)
گل فروشی	کت	ابریشم
옷, 의복(레버쓰)	시계방(써아트휘루쉬)	은(노그레)
لباس	ساعت فروشی	نقره
루비(조모르드)	대형가게(〔쑤페르(휘루쉬거헤 보즈르그)〕)	
زمرد	سوپر(فروشگاه بزرگ)	
검은(씨어흐)	추한(〔제쉬트(바드리크트)〕)	머플러(루싸리) *
سیاه	زشت(بد ریخت)	روسری

* 머리에 쓰는 스카프를 총칭한다.

짧은(쿠터흐)	싼(아르준)	푸른(싸브즈)
کوتاه	ارزان	سبز
할인하다(타크휘프미데)	꽤(케일리)	얇은(너즈크)
تخفیف میدهد	خیلی	نازک
빨간〔쏘르크(게르메즈)〕		에누리하다(추네 미자네)
سرخ(قرمز)		چانه میزند
회색(커케쓰타리)	곤색(쏘르메이)	자주색(제레쉬키)
خاکستری	سرمه ای	زرشکی
알록달록(랑거랑)	흐린색(랑게 로쑌)	진한색(랑게 티레)
رنگارنگ	رنگ روشن	رنگ تیره

▶이란 여자 대학생의 전형적인 스타일

908. 이것은 얼마입니까?

908 – این چند است؟

인 찬더?

909. 한개에 얼마입니까?

909 – یکی چند است؟

예키 찬데?

910. 당신은 돈 얼마를 갖고 있습니까?

910 – شما چقدر پول دارید؟

쇼머 처가드르 풀 더린?

911. 나에게 영수증을 발행해 주세요.

911 – لطفا رسید را بمن بدهید.

로트환 레씨드러 베만 베딘

912. 왜 당신은 그것을 사지 않습니까?

912 - چرا آن را نمیخرید؟

체러 우너 네미카린?

913. 나는 그것을 좋아하지 않습니다.

913 - من آن را دوست ندارم.

만 우너 두스트 나더람

914. 이 핀셋은 날카롭지 않습니다.

914 - این پنس تیز نیست.

인 판스 티즈 니스트

915. 이 돈을 나눕시다.

915 - این پول را تقسیم بکنیم.

인 풀러 타그씸 베코님

916. 당신은 돈이 얼마나 필요합니까?

916 - شما چقدر پول لازم دارید؟

쇼머 체가드르 풀 러젬 더린?

917. 나는 5000토만이 필요합니다.

917 - من به پنج هزار تومان احتیاج دارم.

만 베 판즈 헤저르 투만 에흐티어즈 더람

918. 당신은 이것이 필요합니까?

918 - آیا شما به این احتیاج دارید؟

어여 쇼머 베 인 에흐티어즈 더린?

919. 필요없습니다.

919 - احتیاج ندارم.

에흐티어즈 나더람

920. 모두 얼마인지 더해 보세요.

920 - حساب کنید همه چیز چقدر میشود.(همه را حساب کنید)

헤썹 코닌 하메 치즈 체가드르 미쉐(하메러 헤썹 코닌)

921. 당신은 모자 칫수가 얼마나 됩니까?

921 - اندازه کلاه شما چقدر میشود؟ (کلاهٔ شما چه اندازه میباشد؟)

안더제예 코러헤 쇼머 체가드르 미쉐(콜러헤 쇼머 체 안더제 미버쉐)?

922. 이 치수는 너무 큽니다.

922 - این اندازه برای من بزرگ است.

인 안더제 바럼 보조르게

923. 나에게 좀 보여 주세요.

923 - به من نشان بدهید

베 만 네슌 베딘

924. 나에게 몇개를 보여주세요.

924 - بمن چند تا نشان بدهید.

베만 찬드 터 네슌 베딘

925. 나에게 아직 2000토만이 있습니다.

925 - هنوز دو هزار تومان پیش من هست.

하누즈 도 헤저르 투만 피쉐 마네

926. 당신은 돈이 얼마나 남았습니까?

926 - چقدر پولتان ماند؟ (چقدر از پولتان باقی مانده است؟)

체가드르 풀레툰 문드(체가드르 아즈 풀레툰 버기 문데)?

927. 더 부드러운 것을 나에게 가져다 주세요.

927 - لطفا از این نرمتر بیاورید.

로트환 아즈 인 나르므타르 비어린

928. 이 옷은 몸에 좀 낍니다.

928 - این لباس به من کمی تنگ است.

인 레버쓰 베 만 캬미 탕게

929. 나는 당신에게 수표 한 장을 지불하겠습니다.

929 - من به شما یک چک را پرداخت میکنم.

만 베쇼머 예 체크 러 파르더크트 미코남

930. 나는 당신에게 수표로 지불할 것입니다.

930 - من به شما با چک حساب میکنم.

만 베쇼머 버 체크 헤썹 미코남

931. 이 수표에 돈을 지불해 주십시오.

931- این چک را به پول تبدیل کنید.

인 체크러 베 풀 탑딜 코닌

932. 나에게 저 사전을 보여주세요.

932 - بمن آن فرهنگ(لفت نامه) را نشان بدهید.

베 만 운 화르항그(로가트너메)러 네슌 베딘

933. 가장 좋은 것을 고릅시다.

933 - بهترین را انتخاب کنیم.

베흐타린러 엔테컵 코님

934. 당신은 어떤 것을 고르고 싶습니까?

934 - شما میخواهید کدام را انتخاب کنید؟

쇼머 미커힌 코둠 러 엔테컵 코닌?

935. 나는 이것을 고릅니다.

935 - من این را انتخاب میکنم.

만 인러 엔테컵 미코남

936. 당신은 가장 좋은 것을 골랐습니다.

936 - تو بهترین را انتخاب کردی.

토 베흐타린러 엔테컵 캬르디

937. 이 사과는 십니다.

937 - این سیب ترش است.

인 씹 토르쉐

938. 이 포도는 여전히 십니다.

938 - این انگور هنوز ترش است.

인 안구르 하누즈 토르쉐

939. 100토만 깎았지만 아직도 비쌉니다.

939 - صد تومان را چانه زدم اما هنوز گران است.

싸드투만 러 추네 자담 암머 하누즈 게루네

940. 나는 그것을 100토만 아래로는 팔지 않습니다.

940 - من کمتر از صد تومان نمی‌فروشم.

만 타르 아즈 싸드투만 네미훠루

941. 나는 약 3킬로 살겁니다.

941 - سه کیلو می‌خرم.

쎄 킬로 미카람

942. 그것은 만토만입니다.

942 - آن ده هزار تومان است.

운 다흐 헤저르 투마네

943. 그것을 살 가치가 없습니다.

943 - فایده ندارد آن را می‌خرید.

훠예데 나더레 우너 미카린

944. 약간의 봉투를 사러 갑시다.

944 - می‌روم مقداری پاکت بخرم.

미람 메그더리 퍼캐트 베카람

945. 저 두개를 비교해 봅시다.

945 - آن دو تا را با هم مقایسه کنید.

운 도터러 버함 모거예쎄 코닌

946. 이 물건들은 서로 비교할 수 없습니다.

946 - این اجناس قابل مقایسه با هم نیستند.

인 에즈너쓰 거벨레 모거예쎄 버함 니스탄

947. 당신은 내 주머니 속에 돈이 얼마나 있는지 추측
할 수 있습니까?

947 - آیا شما میتوانید حدس بزنید که در جیبم
چقدر پول دارم؟

어여 쇼거 미투닌 하드쓰 베자닌 케 다르 지밤 체가드르 플 더람?

948. 이 지폐를 잔돈으로 바꿔주세요.

948 - این اسکناس را به پول خرد تبدیل کنید.

인 에스케너쓰러 베 풀레 코르드 탑딜 코닌

949. 오늘 모든 은행은 문을 닫습니다.

949 - امروز تمام بانکها بسته است.

엠루즈 타머메 번크허 바스테예

950. 평균 가격은 얼마입니까?

950 - قیمت متوسط چقدر است؟

게이마테 모테바쎄트 체가드레?

951. 약 2만토만이면 충분합니다.

951 – اگر تقریبا بیست هزار تومان باشد، کافی است.

아게 타그리반 비스트 헤저르 투만 버쉐, 커피예

952. 영수증을 나에게 주세요.

952 – رسید را بمن بدهید.

레씨드러 베만 베딘

953. 저 상점은 막 가격을 올렸습니다.

953 – آن مغازه اخیرا قیمت را بالا برده است.

운 마거제 아키란 게이마트러 벌러 보르데

954. 적당한 가격

954 – قیمت مناسب

게이마테 모너

955. 조금만 가격을 깎아 주세요.

955 – یک کمی تخفیف بدهید.

예 캬미 타크피프 베딘

956. 나에게 가격표를 보여주세요.

956 – لطفا به من لیست قیمت را نشان بدهید.

로프환 베만 리스테 게이마트러 네슌 베딘

957. 정찰가격

957 – قیمت ثابت

게이마테 써베트

958. 상품가격은 내렸습니다.

958- قیمت اجناس کاهش یافته است.

게이마테 에즈너쓰 커헤쉬 여프테

959. 그것은 많은 가치가 있지 않다.

959- آن فایده زیادی ندارد.

운 훠예데에 지여디 나더레

960. 당신은 이병의 가격을 얼마로 평가하십니까?

960- شما فکر میکنید که قیمت این بطری چند است؟

쇼머 훼크르 미코닌 케 게이마테 인 보트리 찬데?

961. 연필 두세자루 가져다 주세요.

961- دو سه تا مداد برای من بیاورید.

도 써 터 메더드 바럼 비어린

962. 나는 단지 세개비쯤 갖기 원합니다.

962- من فقط سه تا میخواهم.

만 화가트 쎄 터 미컴

963. 당신은 나에게 더 싼 가격으로 팔 수 있습니까?

963 - شما میتوانید ارزانتر از این بفروشید؟

쇼머 미투닌 아르준타르 아즈 인 베훠루쉰?

964. 평균 모든 옷의 가격은 10만토만의 값이 나갑니다.

964- بطور متوسط قیمت تمام لباس صد هزار تومان است .

베토레 모테바쎄테 게이마테 타머메 레버쓰 싸드 헤저르 투마네

965. 나에게 더 좋은 모자를 보여 주세요.

965- بمن کلاه بهتری نشان بدهید.

베만 콜라헤 베흐타리 네슌 베딘

966. 나는 가격에 대해 실랑이 하는 것을 싫어합니다.

966- من نمیخواهم در باره قیمت بگو مگو کنم.

만 네미컴 다르버레예 게이마트 베구 마구 코남

967. 당신은 이것을 고르기 원합니까 아니면 저것을 원합니까?

967- شما کدام را انتخاب میکنید این را یا آن را ؟

쇼머 코둠러 엔테컵 미코닌 인러 여 우너?

968. 나에게 다른 종류의 손수건을 보여주세요.

968- بمن انواع دیگر دستمال را نشان بدهید.

베만 안버에 디게 다스트멀러 네슌 베딘

969. 이 디자인이 제일 솜씨가 좋습니다.

969- کار این طراح خیلی خوب است.

커레 인 타러흐 케일리 쿠베

970. 몇시에(그들은) 저 약방은 문을 닫습니까?

970 - آنها چه ساعتی داروخانه را می بندند؟

운허 체 써아티 더루쿠네 러 미반단?

971. 그것은 지금 새모델입니다.

971 - آن مد روز است.

운 모드 르제

972. 나는 이 형을 좋아하지 않습니다.

972 - من این مدل را دوست ندارم.

만 인 모델러 두스트 나더람

973. 이 모델은 구식입니다.

973 - این مدل قدیمی است.

인 모델 가디미예

974. 가장 좋은 것을 고릅시다.

974 - بهترین چیز را انتخاب کنیم.

베흐타린 치즈러 엔테컵 코님

975. 새 지폐는 막 유통하게 되었습니다.

975 - اسکناس نو اخیرا رواج داده شده است.؟

에스케너쎄 노 아키란 라버즈 더데 쇼데?

976. 이 상점에서는 가격을 깎아야 합니까?

976 - در این دکان باید چانه زد؟

다르 인 도컨 버야드 츄네 자드?

977. 이것은 샘플과 같지 않습니다.

977- این با نمونه یکی نیست.

인 버 네무네 예키 니스트

978. 이 바나나는 잘 익었습니다.

978- این موز خوب رسیده است.

인 모즈 쿱 레씨데

979. 이 옷은 목부분이 더러워졌습니다.

979- دور گردن این لباس کثیف شده است.

도레 갸르다네 인 레버쓰 캬씨프 쇼데

980. 당신은 이 사진 몇장을 사고 싶지요, 그렇지요?

980- شما میخواهید این چند تا عکس بخرید، مگرنه؟

쇼머 미커린 인 찬드 터 아크쓰 베카린, 마게 나?

981. 좋지 않은 품질의 상품은 팔 수가 없습니다.

981- نمی توانم جنس بد را بفروشم.

네미투남 젠쎄 바드러 베훠루

982. 내 옷은 색이 바랬습니다.

982- لباسم رنگش پریده شده است(رفته است).

레버쌈 랑게쉬 파리데 쇼데(라프테)

983. 이 사진을 확대해 주세요.

983- این عکس را بزرگ بکنید.

인 아크쓰 러 보조르그 보코닌

984. 누가 이 상점을 경영하고 있습니까?

984- کی این مغاره را اداره میکند؟

키 인 마거제 러 에더레 미코네?

985. 카운터에서 돈을 지불해 주세요.

985- در پیشخوان حساب کنید.

다르 피쉬컨 헤쌉 코닌

986. 나는 은행에 가는 것을 잊었습니다.

986- فراموش کردم به بانک بروم.

화러무쉬 캬르담 베 번크 베람

987. 은행 잔고에 얼마나 돈이 남았는지 보십시오.

987- ببینید در دفتر بانکی شما پول چقدر مانده است.

베비닌 다르 다프타레 번키예 쇼머 풀 체가드르 문데

988. 만약 싸다면 나는 살겁니다.

988- اگر ارزان باشد میخرم.

아게 아르준 버쉐 미카람

989. 당신은 이것보다 더 싼 것을 가지고 있습니까?

989- چیز از این ارزانتر پیشتان هست؟

치즈아즈 인 아르준타르 피쉐툰 하스트?

990. 만약 당신이 그것을 더 싸게 해주신다면 내가 그것까지 다 사겠습니다.

990- اگر شما آن را ارزانتر حساب کنید بقیه را هم میخرم.

아게 쇼머 우너 아르준타르 헤썹 코닌 바기예러 함 미카람

991. 이 옷은 너무 헐렁합니다.

991- این لباس شل و ول است.

인 레버쓰 숄로 벨레

992. 이 옷은 목이 좁아요.

992- یخه این لباس تنگ است.

야케예 인 레버쓰 탕게

993. 무늬가 너무 화려하지 않습니까?

993- آیا زیاد رنگ و وارنگی نیست؟

어여 지여드 랑고 버랑기 니스트?

994. 천의 질이 나쁜 것 같아요.

994- بنظر دارم جنس پارچه بد باشد.

베나자르 더람 젠세 퍼르체 바드 버쉐

995. 나는 이 형을 좋아하지 않기 때문입니다.

995 - چون من این مدل را دوست ندارم.

츈 만 인 모델 러 두스트 나더람

996. 무늬 없는 천은 없어요?

996 - پارچه ساده ندارید؟

퍼르체 써데 나더린?

997. 당신은 어떤 종류의 천을 원합니까?

997 - شما چه نوعی پارچه را میخواهید؟

쇼머 체 노이 퍼르체러 미커힌?

998. 당신은 이 옷이 어떤지 보세요.

998 - ببینید این لباس چطور است.

베비닌 인 레버쓰 체토레

999. 이 나라의 자수품은 매우 유명합니다.

999 - سوزن دوزی این کشور خیلی معروف است.

쑤잔두지예 인 케쉬바르 케일리 마아루페

1000. 나는 이 옷을 입어 보려고 합니다.

1000 - من میخواهم این لباس را بپوشم.

만- 미컴 인 레버쓰러 베푸

1001. 이 옷은 내게 너무 촌스러워요.

1001 - این لباس خیلی دهاتی است.

인 레버쓰 케일리 데허티예

1002. 이 물건은 유럽에서 매우 보편적입니다.

1002 - این جنس در اروپا معمول است.

인 젠쓰 다르 오루퍼 마아물레

1003. 저 종류의 과일은 맛이 있습니까?

1003 - آیا آن نوع میوه خوشمزه است؟

어여 운 노에 미베 코쉬마제예?

1004. 아니요, 그것은 좋지 않습니다.

1004 - نخیر، خوب نیست.

나케이르, 쿱니스트

1005. 유리 진열장에 있는 목걸이를 사고 싶습니다.

1005 - میخواهم گردن بند پشت ویترین را بخرم.

미컴 갸르단반드 포쉬테 비트린러 베카람

1006. 내 손목시계의 끈이 끊어졌습니다.

1006 - بند ساعتم پاره شده است.

반데 써아탐 퍼레 쇼데

1007. 이것은 교환이 됩니까?

1007 - میشود این عوض کنید؟

미쉐 인 아바즈 코닌?

1008. 필름 한 통 주세요.

1008 - یک جلقه فیلم بدهید.

예 할게 힐름 베딘

1009. 이것은 36장짜리입니까 아니면 24장짜리입니까?

۱۰۰۹ – این ۳۶ تایی است یا ۲۴ تایی؟

인 씨오 쉬쉬 터이예 여 비스토 처허르 터이?

1010. 이것을 포장해 주세요.

۱۰۱۰ – این را کادویی کنید.

인 러 커도이 코닌

1011. 한 통 현상하는데 얼마입니까?

۱۰۱۱ – قیمت ظاهر کردن یک حلقه فیلم چند است؟ قیمت بزرگ کردن چی؟

게이마테 저헤르 캬르다네 예 할게 휠름 찬데? 게이마테 보조르그 캬르단 치?

1012. 실과 바늘이 있습니까? 바지가 튿어졌어요.

۱۰۱۲ – سوزن و نخ دارید؟ نخ شوار در رفته(پاره شده).

쑤잔 바 나크 더린? 나케 숄버르 다르 라프테(퍼레 쇼데)

1013. 당신이 물건을 건네주자마자 나는 돈을 지불하겠습니다.

۱۰۱۳ – همین که اثاثیه را تحویل داده شد من پول را حساب میکنم.

허민 케 아쎄씨예 러 타흐빌 더데 쇼드 만 풀 러 헤썹 미코남

1014. 문방구점에 가고 싶습니다.

1014 - ميخواهم لوازم التحرير فروشى بروم.

미컴 라버제모 타흐리르 훠루쉬 베람

1015. 자와 지우개와 칼과 줄 쳐진 종이를 사려고 합니다.

1015 - ميخواهم خط كش، پاك كن ، تيغ و كاغذ خط دار را بخرم.

미컴 카트 케쉬, 퍼크 콘, 티그 바 커가제 카트더르 러 베카람

1016. 지금 나는 지불하고 나머지는 이달 말에 지불하겠습니다.

1016 - الان مقدارى حساب ميكنم و بقيه اش را اواخر ماه جارى حساب خواهم كرد.

알런 메그더리 헤썹 미코남 바 바기야쉬 러 아버케레 머헤 저리 헤썹 커함 캬르드

1017. 할부가 됩니까?

1017 - قسطى ميشود؟

게쓰티 미쉐?

1018. 이란에는 아직 할부제도는 없습니다.

1018 - در ايران هنوز سيستم قسطى ندارد.

다르 이런 하누즈 씨스테메 게쓰티 나더레

1019. 그럼, 신용카드도 않되나요?

1019 - پس، از كارت اعتبارى هم استفاده نميشود؟

파스, 아즈 커르테 에으테버리 함 에스테훠데 네미쉐?

1020. 나는 은행에 가서 환전하겠습니다. 이 근처에는
환전상은 없습니까?

1020 - من در بانک پولم را تبدیل میکنم. در
نزدیکی ها صرافخانه وجود ندارد؟

만 다르 번크 풀람러 탑딜 미코남. 다르 나즈디키허 싸러프쿠네
보주드 나더레?

1021. 거리에서 환전은 불법입니다.

1021 - در خیابان صراف کننده این کار غیر قانون
است.(تبدیل ارز در خیابان غیر قانونی است).

다르 키어분 싸러프 코난데 인 커레 게이레 거누네(탑딜레 아르즈
다르 키어분 게이레거누니예)

1022. 나는 이 음료는 좋아 하지 않습니다.

1022 - من از این نوشابه خوشم نمی آید.

만 아즈 인 누셔베 코   네미어드

1023. 당신이 값에 동의하시면 나는 나중에 당신에게
돈을 지불하겠습니다.

1023 - اگر شما با این قیمت موافقت کنید من
بعدا با شما پول را حساب میکنم.

아게 쇼머 버 인 게이마트 모버훼가트 코닌 만 바단 버 쇼머 풀 러
헤썹 미코남

1024. 은행의 출납계원은 몇시까지 일합니까? 왜냐면

제가 직접 계좌를 열어야하거든요.

1024 - ساعت کاری متصدی امور مالی بانک تا
چه موقع است، زیرا من باید خودم حساب
بانکی را باز کنم.

써아테 커리예 모타싸디예 오무레 멀리예 번크 터 체 모게에, 지러 만 버야드 코담헤써베 번키 러 버즈 코남

1025. 비밀번호는 얼마입니까?   통장은 가지고 오셨

습니까?

1025 - رمزی چند است؟ دفتر بانکی را آورده اید؟

람지 찬데? 다프타레 번키 러 오보르데인?

1026. 적금을 붓고 잔고는 얼마 없습니다.

1026 - بعد از پرداخت پس انداز ماهیانه، باقی
مانده قابل توجه ای در حساب بانکی وجود
نداشت

바드 아즈 파르더크테 파쓰안더제 머히어네, 버기 문데 거벨레 타바조이 다르 헤써베번키 보주드 나더쉬트

1027. 이 사전은 싸기도 하지만 좋기도 합니다.

1027 - این فرهنگ(لغت نامه) نه تنها ارزان است
بلکه هم خوب است.

인 화르항(로가트너메) 나 탄허 아르주네 발케 함 쿠베

☞ 이란의 도매시장인 버저르는 일반적으로 가격이 저렴하다. 그러나 정찰가격이 없어 깍아야 한다. 이란인들은 가격 흥정을 재미로 보아, 많은 말을 건네고 나눔으로써 이란인들의 정과 손님에 대한 예의를 가장 서민적으로 느낄 수 있는 장소이다.

▶버저르

▶과일가게 모습

7 질 병

● 기본 단어

의사(페제쉬케 모타카쎄스)
پزشک متخصص

약국(더루쿠네)
داروخانه

병원(비머레스턴)
بیمارستان

수술하다(아말 캬르단)
عمل کردن

간호사(파라스터르)
پرستار

치통(단둔다르드)
دندان درد

복통(델다르드)
دل درد

치료하다(알러즈 캬르단)
علاج کردن

아프다[다르드더쉬탄(마리즈 쇼단)]
درد داشتن(مریض شدن)

약을 복용하다(더루 코르단)
دارو خوردن

호흡이 곤란하다(싸크트 나화스 케쉬단)
سخت نفس کشیدن

양약(다버)
دوا

구급차(엄부러스)
آمبولانس

병에 걸리다(비머리 케레프탄)
بیماری گرفتن

환자(마리즈)
مریض

피곤하다(카스테 부단)
خسته بودن

말라리아(말러리여)
مالاریا

천식(쏘르훼예 모즈멘)
سرفه مزمن

기침하다(쏘르훼 캬르단)
سرفه کردن

의사(기초의) (도크토레 터제 커르)
دکتر تازه کار

진찰하다 (모어예네 캬르단)
معاینه کردن

처방전 (노스케)
نسخه

회복하다 (다르먼 쇼단)
درمان شدن

침대 (타크테컵)
تخت خواب

주사(놓다) (엄플 자드)
آمپول زد

눈병 (차쉬므 다르드)
چشم درد

붕대 (거즈)
گاز

감기에 걸리다 (싸르마 코르단)
سرما خوردن

한약 (더루예 기어히)
داروی گیاهی

폐병 (쎌)
سل

페스트 (토운)
طاعون

건강하다 (쌀러마트)
سلامت

백일해 (씨어흐 쏘르훼)
سیاه سرفه

풍토병 〔너코쉬 부미(너코쉬 마할리, 발라 마할리)〕
ناخوشی بومی(ناخوشی محلی، بلا محلی)

체온계 (다라제)
درجه

수족이 아프다 (다스토 퍼 다르드 캬르단)
دست و پا درد کردن

설사 (에스헐)
اسهال

변비 (요부싸트)
یبوست

병세 〔바지야트(헐라테 마라즈)〕
وضعیت (حالت مرض)

콜레라 (봐버)
وبا

피부병 (마라제 푸스티)
مرض پوستی

소화불량 (쑤에 허제메)
سوء هاضمه

체온 (갸르머예 바단)
گرمای بدن

혈압 (훼셔레 쿤)
فشارخون

전염병 (비머레 모쓰리)
بیمار مسری

머리가 아프다 (싸람 다르드 미코네)
سرم درد می کند

1028. 당신은 병이 나았습니까?

1028 – آیا بیماریتان خوب شده ؟

어여 비머리예툰 쿱 쇼데?

1029. 네, 완전히 나았습니다.

1029 – بله، درمان شدم.

발레, 다르문 쇼담

1030. 빨리 의사선생님을 모셔옵시다.

1030 – زود پزشک را بیاورید.

주드 페제쉬크러 비어린

1031. 내 감기 증세는 완전히 나았습니다.

1031 – سرما خوردگی من کاملا خوب شد(برطرف شد).

싸르머 코르데기예 만 커멜란 쿱 쇼드(바르 타라프 쇼드)

1032. 그 사람은 피부와 뼈만 남아 있다.

1032 – از آن مرد فقط پوست و استخوان مانده است.

아즈 운 마르드 화가트 푸스토 오스토컨 문데예

1033. 비록 키는 크지만 약합니다.

1033 – با اینکه قد بلند است ولی ضعیف است.

버 인케 갇드 볼란데 발리 자이훼

1034. 저는 목(구멍)이 아픕니다.

1034 - گلویم درد میکند.

걀루얌 다르드 미코네

1035. 나는 참기가 힘듭니다.

1035 - اصلا تحمل کردن سخت است.

아쓸란 타함몰 캬르단 싸크테

1036. 저 노인은 매우 쇠약합니다.

1036 - آن پیر مرد خیلی ضعیف است.

운 피레 마드르 케일리 자이훠

1037. 그는 매우 힘이 없습니다.

1037 - او اصلا نا ندارد.

우 아쓸란 너 나더레

1038. 그는 아픈 척합니다.

1038 - او تظاهر به مریضی میکند.

우 타저호르 베 마리지 미코네

1039. 당신은 기침을 심하게 합니다.

1039 - شما سرفه سنگین میکنید.

쇼머 쏘르훠 쌍긴 미코닌

1040. 나는 기침용 알약이 몇알 필요합니다.

1040 - من به چند تا قرص سرفه احتیاج دارم.

만 베 챤드 터 고르스 쏘르훠 에흐티어즈 더람

1041. 종기가 났습니다.

1041 - چرک کرده.

쵸르크 캬르데

1042. 배멀미가 있습니다.

1042 - حالت دریا گرفتگی پیدا کرده ام.

헐라테 다르여 게레프테기 페이더 캬르데암

1043. 허리까지 옷을 내리세요.

1043 - لباستان را تا کمرپایین بکشید.

레버쎄툰 러 터 캬마르 퍼인 베케쉰

1044. 혀를 보여 주세요.

1044 - زبانت را بیار بیرون(زبانتان را در بیاورید).

자부나툰러 비어르 비룬(자부나툰러 다르 비어린)

1045. 당신은 삐었습니다.

1045 - استخوان شما پیچ خورده.

오스토커네 쇼머 피츠 코르데

1046. 손톱과 발톱이 부러졌습니다.

1046 - ناخن دست و پا شکسته است.

너코네 다스토 퍼 쉐캬스테 예

1047. 숨을 크게 내쉬세요.

1047 - نفس عمیق بکشید.

나파세 아미그 베케쉰

1048. 숨을 들이쉬세요.

1048 – نفستان تو بدهید(نفستو بده تو).

나파세튼 투 베딘(나파세토 베데 투)

1049. 마시기 전에 병을 흔드세요.

1049 – قبل از نوشیدن بطری را تکان بدهید.

가불 아즈 누쉬단 보트리 러 테쿤 베딘

1050. 얼굴과 손이 부었습니다.

1050 – صورت و دست شما ورم کرده است.

쑤라토 다스테 쇼머 바람 캬르데

1051. 그는 암의 여러 원인에 대한 연구를 진행중입니다.

1051 – او مشغول تحقیق در باره سرطان است.

우 마쉬굴레 타흐기그 다버레예 쎄라터네

1052. 내 손이 가렵습니다.

1052 – دستم می خارد.

다스탐 미커레

1053. 가려우면 긁으세요.

1053 – اگر خارش داری بخارانش.

아게 커라쉬 더리 베커루네쉬

1054. 이 진찰 기록은 저의 의사 선생님이 인정한 것
입니다.

1054 - این پرونده پزشکی مورد قبول پزشک
من است.

인 파르반데예 페제쉬키 모레데 가불레 페제쉬케 마네

1055. 나는 안약을 넣었습니다.

1055 - من در چشمم دارو ریختم.

만 다르 차쉬맘 더루 리크탐

1056. 저는 이빨을 뽑고 싶습니다.

1056 - من میخواهم دندانم را بکشم.

만 미컴 단두남 러 베케

1057. 식사전(후) 하루에 세번씩 한알씩 드세요.

1057 - قبل از غذا خوردن روزی سه بار یک دانه
قرص بخورید.

가불 아즈 가저 코르단 루지 쎄 버르 예 두네 고르스 보코린

1058. 그는 오른쪽 폐를 앓고 있습니다.

1058 - شش سمت راست او مریض است.

소쉬 쌈테 러스테 우 마리제

1059. 그 폐병은 전염되기 쉽습니다.

1059 - مرض سل مسری است(مرض سل واگیر
دار است).

마라제 쎌 모쓰리예(마라제 쎌 버기르더레)

1060. 탈지면과 붕대로 묶으세요.

1060 - با پنبه و گاز ببندید.

버 팜베 오 버즈 베반딘

1061. 팔꿈치와 무릎을 구부릴 수 없습니다.

1061 - نمیتوانم آرنج و زانویم را تا(خم) بکنم.

네미투남 어렌조 저누얌러 터(콤) 베코남

1062. 식욕이 있습니까?

1062 - اشتها ندارید؟

에쉬테허 나더린?

1063. 왜 그렇게 창백합니까?

1063 - چرا رنگتان پریده است؟

처러 랑게툰 파리데예?

1064. 그는 손에 상처를 입었어요.

1064 - دست او زخم شده است.

다스테 우 자크므 쇼데

1065. 처방전이 있어야만 이란에서는 약을 살 수 있습
니다.

1065 - در ایران حتما باید با نسخه دکتر دارو
را خرید.

다르 이런 하트만 버야드 버 노스케예 도크토르 더루러 카리드

1066. 항생제를 좀 주세요.

1066 - لطفا چرک خشک را بدهید.

로트환 초르크 코쉬크 러 베딘

☞ 이란의 의료제도는 매우 서구적이다. 그러므로 반드시 예
약을 해야 되며 진찰과 처방이 분리되어 있다. 일반 약국
에서는 처방전이 있어야 약을 살 수 있으며 의료보험제도
도 잘 되어 있다.

질

병

우 편

🔵 기본 단어

우체국〔포스트쿠네(에더레예 포스트)〕
پست خانه(اداره پست)

엽서(커르테 포스트걸)
کارت پستقال

전보(텔레그러프)
تلگراف

보내다(훼레스터단)
فرستادن

우표(탐부르)
تمبر

운임(케러예)
کرایه

전보를 치다(텔레그러프 훼레스터단)
تلگراف فرستادن

편지(너메)
نامه

전화(텔레폰)
تلفن

소포(바스테)
بسته

팩스를 보내다(스 자단)
فکس زدن

팩스(스)
فکس

우체통(싼두게 포스트)
صندوق پست

편지를 우체통에 넣다(너메러 다르 싼두게 포스트 안더크탄)
نامه را در صندوق پست انداختن

전화를 걸다〔텔레폰 캬르단(자단)〕
تلفن کردن(زدن)

항공우편(너메예 하버이)
نامه هوایی

등기 우편(너메예 쎄훠레쉿)
نامه سفارشی

우체부(포스트치)
پستچی

1067. 나는 이것을 소포로 보내고 싶습니다.

‫1067 - من ميخواهم اين بسته را بفرستم.‬

만 미컴 인 바스테러 베훼레스탐

1068. 언제 당신은 우체국에 갈겁니까?

‫1068 - کی به پست خانه ميرويد؟‬

케이 베 포스트쿠네 미린?

1069. 저를 위해 이 편지를 읽어 주세요.

‫1069 - لطفا برای من اين نامه را بخوانيد.‬

로트환 바럼 인 네메러 베커닌

1070. 이 편지를 한국으로 보내주세요.

‫1070 - اين نامه را به کره جنوبی بفرستيد.‬

인 네메러 베 코레예 조누비 베훼레스틴

1071. 이 우표는 잘 붙지 않습니다.

‫1071 - اين تمبر خوب نمی چسبد.‬

인 탐부르 쿱 네미차스베

1072. 우체국은 은행 근처에 있습니다.

‫1072 - پست خانه نزديک با نک واقع شده است.‬

포스트쿠네 나즈디케 번크 버게 쇼데

1073. 이 편지들을 등기로 보냅시다.

‫1073 - اين نامه ها را سفارشی کنيد.‬

인 네메허러 쎄훼레숫 코닌

우

편

1074. 당신은 제 편지를 받았습니까?

۱۰۷۴ - نامه ام بدستتان رسیده است؟

너메암 베 다스테툰 레씨데?

1075. 편지 받은 즉시 당신께 답장하겠습니다.

۱۰۷۵ - همین که نامه بدستم برسد، به شما پاسخ میدهم.

하민 케 너메 베다스탐 베레쎄, 베 쇼머 퍼쏘크 미담

1076. 항공우편요금은 그램당 얼마입니까?

۱۰۷۶ - نامه هوایی گرمی چند است؟

너메예 하버이 게르미 찬데?

1077. 전화박스는 어디있습니까?

۱۰۷۷ - تلفن عمومی کجاست؟

텔레포네 오무미 코저스트?

1078. 보내는 사람, 받는 사람

۱۰۷۸ - فرستنده، گیرنده

훼레스탄데, 기란데

1079. 나는 그의 편지를 이제 막 받았습니다.

۱۰۷۹ - نامه او همین الان بدستم رسیده است.

너메예 우 하민 알런 베다스탐 레씨데

1080. 이 편지는 비용이 얼마나 듭니까?

۱۰۸۰ - کرایه حمل این نامه چقدر میشود؟

케러예예 함레 인 너메 체가드르 미쉐?

1081. 이 전화는 국제통화가 가능합니까?

۱۰۸۱ - با این تلفن ارتباط بین المللی هم برقراری میشود؟

버 인 텔레폰 에르테버테 베이놀 메랄리 함 바르 가러리 미쉐?

1082. 전화가 연결되었습니다.

۱۰۸۲ - تلفن وصل شده است.

텔레폰 바쓸 쇼데

1083. 전화는 통화중입니다.

۱۰۸۳ - تلفن مشغول است.

텔레폰 마쉬굴레

1084. 전화를 받지 않습니다.

۱۰۸۴ - هیچ کسی تلفن را برنمی دارد(کسی جواب نمیدهد).

히치 캬씨 텔레폰러 바르 네미더레(캬씨 자법 네미데)

1085. 나는 당신께 다시 전화하겠습니다.

۱۰۸۵ - من به شما دوباره تلفن میزنم.

만 베 쇼머 도버레 텔레폰 미자남

1086. 그는 여기 없습니다. 전할 말씀이 있으십니까?

1086 - او اينجا نيست. پيغامی داريد؟

우 인저 니스트. 페이거미 더린?

1087. 끊지 마세요.

1087 - گوشی خدمتتان(گوشی حضورتان).

구쉬 케드마테툰(구쉬 호주레툰)

1088. 내게 전화해 달라고 전해 주세요.

1088 - لطفا بگوييد با من تماس بگيرد(به من تلفن بزند).

로트환 베긴 버 만 타머쓰 베기레(베 만 텔레폰 베자네)

1089. 당신은 언제 전보를 받았습니까?

1089 - کی تلگراف بدستتان رسيده است؟

케이 텔레그러프 베다스테툰 레씨데?

1090. 당신에게 걸려온 전화가 있습니다.

1090 - برای شما تلفن آمده است.

바러 쇼머 텔레폰 우마데

1091. 전화 잘못 걸었습니다.

1091 - اشتباه گرفتيد.

에쉬티버흐 게레프틴

1092. 요즘 저는 그에 대한 소식을 듣지 못합니다.

1092 - اخیرا از او خبر ندارم.

아키란 아즈 우 카바르 나더람

1093. 그건 단지 헛소문일 뿐입니다.

1093 - آن فقط حرف بیخودی بوده است (آن فقط شایعه است).

운 화가트 하르훼 비코디 부데(운 화가트 셔예에예)

▶공중전화

🔵 기본 단어

책상 (미제 모터레에)
ميز مطالعه

벨 (쟝)
زنگ

(옷)장 (코모데 레버쓰)
كمد لباس

가구 (모블)
مبل

의자 (싼다리)
صندلی

부재중이다 (호주르 나더란)
حضور ندارند

앉다 (네솨스탄)
نشستن

명함 (커르트)
كارت

이야기 하다 (쏘흐바트 캬르단)
صحبت كردن

거실 (오터게 네쉬만)
اتاق نشیمن

벨을 누르다 (쟝 자단)
زنگ زدن

벤취 (님코트)
نیمکت

1094. 당신이 보다 오래 머무실 수 없다니 유감입니다.
۱۰۹۴ – متأسفم شما بیشتر نمیتوانید بمانید.
도타아세 쇼머 비쉬타르 네미투닌 베무닌

1095. 언제 제가 당신을 방문할 수 있습니까?
۱۰۹۵ – کی میشود خدمتتان برسانم(کی میشود حضورتان برسم)؟
케이 미쉐 케드마테툰 베라수남(케이 미쉐 호주레툰 베라쌈?)

1096. 그가 나에게 말하기를 그는 내일 당신을 방문할
것이라고 했습니다.

1096 - بمن گفت که فردا به شما مراجعه میکند.

베만 고프트 케 화르더 베 쇼머 모러제에 미코네

1097. 내가 그를 만난지는 2년됩니다. 그는 꽤 많이
변했습니다.

1097 - از دو سال پیش که او را ملاقات کرده بودم، او خیلی تغییر کرده است.

아즈 도 썰레 피쉬 케 우러 몰러거트 캬르데 부담, 우 케일리 타그
이르 캬르데

1098. 이렇게 좋은 자리를 마련해 주신데 대해 당신께
감사드립니다.

1098 - ازتان تشکر میکنم که اینقدر فرصت خوبی کرده اید.

아제툰 타쇠코르 미코남 케 인가드르 호루싸테 쿠비 캬르데인

1099. 약소합니다만 좋아하셨으면 합니다.

1099 - قابل شما را ندارد ولی امیدوارم شما از آن خوشتان بیاید.

거벨레 쇼머러 나더레 발리 오미드버람 쇼머 아즈 운 코쒜툰 비어드

1100. 그는 저를 기쁘게 맞아주었습니다.

1100 - او خوشحالی مرا پذیرایی کرد(او با خوشحالی مرا پذیرفت).

우 코쉬헐리예 마러 파지러이 캬르드(우 버 코쉬헐리예 마러 파지 로프트)

1101. 요즘 당신을 찾아 뵙지 못했습니다.

1101 - اخیرا نتوانستم به حضور شما برسم.

아키란 나타버네스탐 베 호주레 쇼머 베라쌈

1102. 남편은 집에 계십니까?

1102 - شوهرتان در خانه هستند ؟

쇼하레튼 다르 쿠네 하스탄?

1103. 저희 남편은 부재중입니다.

1103 - شوهرم در خانه نیست.

쇼하람 다르 쿠네 니스트

1104. 우리집에 당신을 모시게 되어 매우 기쁩니다.

1104 - خیلی خوشحال شدم که به منزل من تشریف آوردید.

케일리 코쉬헐 쇼담 케 베 만젤레 만 타쉬리프 어보르딘

1105. 어찌됐건 저는 그를 방문할 겁니다.

1105 - بهر حال حتما او را ملاقات میکنم.

베 하르 헐 하트만 우러 몰러거트 미코남

1106. 그저께 밤 그가 나를 방문하러 왔습니다.

1106 - پریشب او پیش من آمده بود.

파리　우 피쉐 만 우마데 부드

1107. 오늘 저녁 나는 당신을 저녁식사에 초대하고 싶습니다.

1107 - میخواهم امشب شما را به شام دعوت کنم.

미컴 엠　쇼머러 베 섬 다아바트 코남

1108. 당신은 방문을 몇일 더 연장할 수 없습니까?

1108 - آیا شما نمیتوانید تاریخ ملاقات را تمدید کنید؟

어여 쇼머 네미투닌 터리케 몰러거트 러 탐디드 코닌?

1109. 저는 그를 다음 주에 만나기로 약속했습니다.

1109 - قرار گذاشتم که هفته آینده او را ببینم.

가러르 고저쉬탐 케 하프테예 어얀데 우러 베비남

1110. 오늘밤 손님 세분이 오실거예요.

1110 - امشب سه نفر مهمان ما داریم.

엠　세 나파르 메흐무네 머 더림

1111. 내일 파티는 9시에 시작됩니다. 꼭 제 시간에 와
주세요.

1111 – فردا ساعت ٩(نه) مهمانی شروع میشود.
حتما سر ساعت تشریف بیایید.

화르더 써아테 노흐 메흐부니 쇼루으 미쉐. 하트만 싸레 써아트 타
쉬리프 비어인

1112. 제가 쉬리니(이란식 과자)를 가지고 갈테니 당신
은 꽃을 사오세요.

1112 – من برای مهمانی شیرینی میخرم، شما
گل را بخرید.

만 바러 메흐무니 쉬리니 미카람, 쇼머 골 러 베카린

1113. 미안합니다만 약속시간에서 약 30분 늦게 도착
할 것 같아요.

1113 – معذرت میخواهم ولی نیم ساعت(۳۰
دقیقه) دیر خواهم رسید.

마아시다느 미겁 발리 님 써아트(씨 다기게) 디르 커함 레씨드

1114. 죄송합니다, 길이 많이 막혀요.

1114 – ببخشید، ترافیک سنگین است.

베바크쉰, 트러픽 쌍기네

1115. 주소를 갖고 왔는데도 집을 찾기가 쉽지 않군요.

1115 – با اینکه آدرس را دارم، پیدا کردن خانه
کار آسانی نیست.

버 인케 어드레쓰 러 더람, 페이더 캬르다네 쿠네 커레 어쑤니 니스트

1116. 저는 오늘 저녁에 댁에 가서 의논드릴것이 있어요.

۱۱۱۶ - من برای مشورت امروز عصر به منزل شما می آیم.

만 바러 마쉬바라트 엠루즈 아스르 베 만젤레 쇼머 미엄

1117. 그녀를 맞으러 제가 골목 어귀까지 나가겠습니다.

۱۱۱۷ - برای پیشواز او تا سر کوچه میروم.

바러예 피쉬버제 우 터 싸레 쿠체 미람

1118. 당신이 원할 때 저를 방문해 주세요.

۱۱۱۸ - هر وقت که خواستید به دیدن من بیایید.

하르 바그트 케 커스틴 베 디다네 만 비어인

1119. 저는 오후 4시에 가겠습니다.

۱۱۱۹ - من ساعت ۴(چهار) بعد از ظهر میروم.

만 써아테 처허레 바드 아즈 조흐르 미람

1120. 내일 저는 푸르 넘더리연씨를 방문할 것입니다.

۱۱۲۰ - فردا به ملاقات آقای پورنامداریان میروم.

화르더 베 몰러거테 어거예 푸르넘더리연 미람

1121. 만약 당신께 편하시다면 내일 제가 가겠습니다.

۱۱۲۱ - اگر برای شما مشکلاتی نداشته باشد، فردا مزاحمتان میشوم.

아게 바러 쇼머 모쉬켈러티 나더쉬테 버쉐, 화르더 모저헤메툰 미

1122. 당신이 이렇게 일찍 가야만 하니 유감입니다.

1122 - متأسفم که اینقدر زود بر میگردید.

모타아쎄 케 인가드르 주드 바르 미갸르딘

1123. 죄송합니다만 지금 가야만 합니다.

1123 - معذرت میخواهم ولی الان باید مرخص بشوم.

마아자라트 미컴 발리 알런 버야드 모라카스 베

1124. 오늘밤은 저의 집에서 주무시고 가세요.

1124 - امشب خانه ما بمانید.

엠 쿠네예 머 베무닌

1125. 그렇다면 제가 현관까지 전송해 드릴께요.

1125 - پس من تا جلو در شما را بدرقه میکنم.

파스 간 터 젤로 다르 쇼머러 바드라게 미코남

☞ 이란은 이슬람공화국으로 정체가 변한 이후 집에서의 모임이 예전에 비해 많아졌다. 모임은 대개 저녁 9시 내지 10시경에 시작되며 11시쯤에 저녁식사를 하게 되어 처음 초대를 받는 외국인들은 허기를 느낄 수 있다. 더구나 이란이들은 손님접대를 즐겨 잦은 초대를 경험할 수 있다.

기본 단어

날씨 (어보 하버)	آب و هوا
태풍 (투펀)	طوفان
날씨가 좋다 (하버 쿠베)	هوا خوب است
비가 그치다 (버룬 반드 우마데)	باران بند آمده است
날씨가 맑다 (하버 써페)	هوا صاف است
날씨가 나쁘다 (하버 바데)	هوا بد است
바람이 분다 (버드 미바제)	باد می وزد
날씨가 춥다 (하버 싸르데)	هوا سرد است
비가 온다 (버룬 미버레)	باران میبارد
날씨가 덥다 (하버 갸르메)	هوا گرم است
날씨가 따뜻하다 (하버 갸르메)	هوا گرم است
날씨가 변덕스럽다 (하버 모타게이레)	هوا متغیر است
눈 (바르프)	برف
날씨가 시원하다 (하버 코나케)	هوا خنک است
구름이 끼었다 (아브르 부드)	ابر بود

1126. 오늘은 날이 흐립니다.

۱۱۲۶ - امروز هوا ابری است.

엠루즈 하버 아브리예

1127. 사람들이 곧 태풍이 있을 것이라고 예견했습니다.

۱۱۲۷ - مردم بنظر میآیند که بیدرنگ طوفان بیاید
(مردم پیش بینی کردند که طوفان می آید)

마르돔 베나자르 미어얀 케 비데랑 투펀 비어드(마르돔 피쉬 비니 캬르단 케 투펀 미 어드)

1128. 아마 오늘 밤에 비가 올 것입니다.

۱۱۲۸ - شاید امشب باران بیاید.

셔야드 엠 버룬 비어드

1129. 바람이 산들산들 붑니다.

۱۱۲۹ - نسیم ملایمی می وزد.

나씨메 몰러예미 미바제

1130. 비가 그쳤습니다.

۱۱۳۰ - باران بند آمده است.

버룬 반드 우마데

1131. 나는 비가 안오길 바랍니다.

۱۱۳۱ - امید وارم که باران نیاید.

오미드버람 케 버룬 나여드

1132. 이렇게 비가 오는 것은 여기선 이상한 일입니다.

1132 - در اینجا باران آمدن خیلی عجیب بنظر می رسد.

다르 인저 버룬 우마단 케일리 아집 베나자르 미레쎄

1133. 태양이 떴습니다.

1133 - خورشید طلوع کرده است.

코르쉬드 토루으 캬르데

1134. 이란은 4계절이 있습니다. 물론 눈도 옵니다.

1134 - ایران چهار فصل سال دارد، در ضمن برف هم می آید.

이런 처허르 화슬레 썰 더레, 다르 젬 바르프 미어드

1135. 이란의 북쪽 지방 날씨는 우리나라와 비슷합니다. 삼림이 울창하고 매우 아름답습니다.

1135 - هوای شهرهای شمال ایران با هوای کشور ما مطابقت دارد. جنگهای آنجا سر سبز و خیلی قشنگ هستند.

하버예 쇠흐르허예 쇼멀레 이런 버 하버예 케쉬바레 머 터베가트 더레. 잔걀허예 운저 싸레 싸브조 케일리 가샹 하스탄

1136. 온화한 날씨입니다. 춥지도 않고 덥지도 않습니다.

1136 - هوا ملایم است. نه سرد است و نه گرم.

하버 몰러예메. 나 싸르데 바 나 갸르므

1137. 갑자기 비가 오더니, 다시 맑아졌습니다.

1137 – ناگهان باران گرفت ولی دوباره آفتاب درخشید.

너갸헌 버룬 게레프트 발리 도버레 업텁 다라크쉰

1138. 바람이 세게 붑니다.

1138 – باد با شدت میوزد.

버드 버 쇄다트 미바제

1139. 날씨가 불규칙합니다.

1139 – هوا بی نظم است(هوا نا مرتب است، هوا متغیر است).

하버 비 나즈메(하버 너 모라타베, 하버 모타게이레)

1140. 이란의 날씨는 매우 건조합니다.

1140 – آب و هوای ایران خیلی خشک است.

어보하버예 이런 케일리 코쉬케

1141. 낮이 길어지고 반면에 밤은 짧아집니다.

1141 – روزها دراز میشود و شبها هم کوتاه میشود.

루즈허 데러즈 미쉐 바 샤버 함 쿠터흐 미쇄

1142. 비가 오지 않으면 좋은데

1142 – کاشکی باران نمیآید.

커쉬키 버룬 네미어드

☞ 이란의 4계절은 비교적 뚜렷하다. 봄에 비가 오고, 겨울에
는 스키등 겨울 스포츠가 성행하며 국토의 대부분이 지대
가 높아 산소가 희박한 점이 주의할 점이다.

1143. 여전히 구름이 끼었습니다.

1143 - هنوز ابری بود.

하누즈 아브리 부드

1144. 곧 비가 올 것 같습니다.

1144 - بنظر میرسد فورا باران بیاید.

베나자르 미레쎄 훠란 버룬 비어드

1145. 천둥과 번개가 칩니다.

1145 - رعد و برق میزند.

라아도 바르그 미자네

1146. 몇시입니까?

1146 - ساعت چند است؟

써아트 찬데?

1147. 지금 몇시입니까?

1147 - الان چه ساعتی است؟

알런 체 써아티예?

1148. 오전(오후) 5시입니다.

1148 - ساعت ۵(پنج) صبح (بعد از ظهر)است.

써아테 판제 쏩헤(바드 아즈 조흐레)

1149. 지금 9시입니다.

1149 - الان ساعت ۹(نه) است.

알런 써아테 노헤

1150. 몇시에 그녀가 이곳에 옵니까?

1150 - آن خانم چه ساعتی می آید به اینجا؟

운 커눔 체 써아티 미어드 베 인저?

1151. 3시 정각에 그녀는 이곳에 옵니다.

1151 - سر ساعت ۳(سه) به اینجا می آید.

싸레 써아테 쎄 베 인저 미어드

1152. 당신은 몇시에 비행장에 갑니까?

1152 - شما ساعت چند به فرودگاه میروید؟

쇼머 써아트 찬드 베 훠르드거흐 미린?

1153. 8시 10분에 비행장에 갈겁니다.

1153 - ساعت ۸(هشت) و ۱۰(ده) دقیقه به فرود گاه میرویم.

써아테 하쉬토 다흐 다기게 베 훠르드거흐 미림

1154. 우리는 6시 30분에 서로 만날 겁니다.

1154 - ما ساعت ۶(شش) و نیم هم دیگر را خواهیم دید.

써아테 쉐쇼 님 함 디갸 로 커힘 디드

1155. 7시 20분 전에 우리집에 와 주세요.

1155 - ۲۰(بیست) دقیقه به ۷(هفت) به خانه ما تشریف بیاورید.

비스트 다기게 베 하프트 베 쿠네예 머 타쉬리프 비어린

1156. 정오 12시

1156 - ظهر(دوازده ظهر)

조흐르(다버즈다흐 조흐르)

1157. 밤 12시

نیم شب – **1157**

니메

1158. 오후 3시

ساعت ۳(سه) بعد از ظهر – **1158**

써아테 쎄예 바드 아즈 조흐르

1159. 2시 15분

ساعت ۲(دو) و ربع(پانزده دقیقه) – **1159**

써아테 도 오 롭(푼즈다흐 다기게)

1160. 몇시간

چند ساعت – **1160**

찬드 써아트

1161. 6시간

۶(شش) ساعت –**1161**

쉐쉬 써아트

1162. 몇시간 걸립니까?

چند ساعت طول میکشد؟ – **1162**

찬드 써아트 툴 미케쉐?

1163. 8시간 걸립니다.

۸(هشت) ساعت طول میکشد. – **1163**

하쉬트 써아트 툴 미케쉐

1164. 그때가 대략 10시입니다.

1164 - آن موقع تقریبا ساعت ۱۰(ده) بود.

운 모게 타그리반 써아테 다흐 부드

1165. 시계가 맞게 갑니다.

1165 - ساعت درست کار میکند.

써아트 도로스트 커르 미코네

1166. 시계가 멈추었습니다.

1166 - ساعت خوابیده است(ساعت از کار افتاده است).

써아트 커비데(써아트 아즈 커르 오프터데)

1167. 거의 5시가 다 되었습니다.

1167 - تقریبا نزدیک ساعت ۵(پنج) است.

타그리반 나즈디케 써아테 판제

1168. 곧 9시 입니다.

1168 - فورا ساعت ۹(نه) میشود.

훠란 써아테 노흐 미쉐

▶이란의 전통찻집

1169. 몇월에 장미꽃이 핍니까?

۱۱۶۹ - چه ماهی گل سرخ باز میشود؟

체 머히 골레 쏘르크 버즈 미쉐?

1170. 5월 초에 장미꽃이 핍니다.

۱۱۷۰ - اوایل اردیبهشت گل سرخ باز میشود.

아버옐레 오르디베헤쉬트 골레 쏘르크 버즈 미쉐

1171. 어느것도 버리지 않도록 주의하세요

۱۱۷۱ - مواظب باشید همه چیزی را دور نیندازید.

모버젭 버쉰 함메 치지 러 두르 나얀더진

1172. 지난밤 당신은 지진을 느꼈습니까?

۱۱۷۲ - دیشب احساس کردید زلزله آمده بود؟

디 에흐써스 캬르딘 젤젤레 우마데 부드?

1173. 놀라야 할 이유가 없습니다.

۱۱۷۳ - علتی برای تعجب کردن نیست.

엘라티 바러 타아좁 캬르단 니스트

1174. 당신은 승마를 할 줄 압니까?

1174 - آیا میتوانید اسب سواری کنید؟

어여 미투닌 아숩 싸버리 코닌?

1175. 제 여동생은 바이올린을 연주합니다.

1175 - خواهرم ویولن نواز میکند.

커하람 비오론 나버즈 미코네

1176. 이 잡지는 재미있는 것들이 많이 있습니다.

1176 - این مجله شامل مقاله های جالب زیاد است.

인 마잘레 셔멜레 마걸레허예 절레베 지여데

1177. 저 사람은 모든 사람에게서 미움을 받습니다.

1177 - دیگران از آن آقا نفرت دارند.

디갸런 아즈 운 어거 네프라트 더란

1178. 당신의 일을 소홀히 하지 마세요.

1178 - کار را بطور سرسری انجام ندهید.

커러 베토레 싸르싸리 안점 나딛

1179. 이것이 나의 몫입니까?

1179 - این سهم من است؟

인 싸흐메 마네?

1180. 그는 내 의견에 항상 반대합니다.

1180 - او همیشه مخالف عقیده من است.

우 하미쉐 모커레페 아기데예 마네

1181. 그는 의도적으로 이렇게 했습니다.

1181 - او با فکر خودش اینطور انجام داده است.

우 버 훼크레 코데쉬 인토르 안점더데

1182. 저를 위해 약간 남겨두세요.

1182 - برای من یک خرده بگذارید.

바럼 예 코르데 베저린

1183. 이 좋은 기회를 놓치지 마세요.

1183 - این فرصت خوب را از دست ندهید.

인 호루싸테 쿱 러 아즈 다스트 나딘

1184. 그 일은 말할만한 것이 아닙니다.

1184 - آن ارزش گفتن را ندارد.

운 아르제쉬 고프탄 러 나더레

1185. 컴퓨터할 줄 압니까?

1185 - آیا شما میتوانید کامپیوتر بزنید(آیا طریقه کار با کامپیوتر را می دانید)؟

어여 쇼머 미투닌 컴퓨토르 베자닌(어여 타리게 커르 버 컴퓨토르 러 미두린)?

1186. 저는 공원에서 그것을 잃어버린 것 같습니다.

1186 - بنظر میآید که آن را در پارک گم کرده باشم.

베나자르 미어드 케 운 러 다르 퍼르크 곰 캬르데 버

1187. 이것을 똑같이 4개로 나누세요.

1187 - این را به چهار قسمت مساوی تقسیم کنید.

인러 베 처허르 게스마테 모써비 타그씸 코닌

1188. 쌀과 빵은 이란의 주식입니다.

1188 - برنج و نان غذای اصلی ایرانی می باشد.

베렌조 눈 가저예 아쓸리예 이러니 미버쉐

1189. 누군가 노크를 하고 있습니다.

1189 - کسی در را میزند.

캬씨 다르러 미자네

1190. 다행히 당신은 다치지 않았습니다.

1190 - خوشبختانه شما زخمی نشده اید.

코쉬바크터네 쇼머 자크미 나쇼데인

1191. 이것은 드물게 일어나는 일입니다.

1191 - این اتفاق ندرت می افتد.

인 에테훠그 노드라트 미오프테

1192. 저는 사고가 일어날 때 그곳에 있었습니다.

1192 - در زمان تصادف من آنجا بودم.

다르 자문 타써도프 만 운저 부담

1193. 저 아이는 매우 호기심이 강합니다.

1193 - آن بچه خیلی کنجکاو است.

운   체 케일리 콘즈커베

1194. 이 상자에는 무엇이 들어있습니까?

۱۱۹۴ - توی این جعبه چی هست(داخل این جعبه چه وجود دارد)؟

투예 인 자아베 치 하스트(더켈레 인 자아베 체 보주드 더레?)

1195. 꼭 닮았습니다.

۱۱۹۵ - واقعا مثل آن است(واقعا عین آن است).

버게안 메슬레 우네(버게안 에이네 우네)

1196. 이상한 일이 일어나지 않았습니다.

۱۱۹۶ - اتفاق عجیبی نیفتاده است.

에테훠게 아지비 나요프터데

1197. 저는 당신이 조금만 연기해 주길 청합니다.

۱۱۹۷ - لطفا آن را کمی به تأخیر اندازید.

로트환 우너 캬미 베 타아키르 안더진

1198. 이 일은 칭찬할 만한 것이 아닙니다.

۱۱۹۸ - این کار قابل تحسین نمی باشد.

인 커레 거벨레 타흐씬 네미버쉐

1199. 당신은 매우 자세하게 씁니다.

۱۱۹۹ - شما خیلی با دقت مینویسید.

쇼머 케일리 버 데가트 미네비씬

1200. 이 일은 당신에게 이익이 있습니다.

1200 – این کار برای شما سود دارد.

인 커 타러 쇼버 쑤드 더레

1201. 마음을 가라앉히세요.

1201 – آرام باشید(هیجان زده نشوید).

어럼 버쉰(하야준 자데 나쉰)

1202. 그림이 거꾸로 되었습니다.

1202 – نقاشی وارونه(بالا و پایین، معکوس) شده است.

나거쉬 버루네(벌러 로 퍼인, 모아쿠스) 쇼데

1203. 당신은 물과 기름을 섞을 수 없습니다.

1203 – شما نمیتوانید آب و روغن را با هم مخلوط کنید.

쇼머 네미투닌 어보 로간 러 버함 마크루트 코닌

1204. 누가 상을 받았습니까?

1204 – کی جایزه گرفته است؟

키 저예제 게레프테?

1205. 당신은 규칙들을 따라야만 합니다.

1205 – شما باید مقررات را رعایت کنید.

쇼머 버야드 모가라러트 러 레어야트 코닌

1206. 저 액자는 약간 오른쪽으로 삐뚤어져 있습니다.

۱۲۰۶ - آن قاب عکس به سمت راست کج شده است.

운 거베 아크쓰 베 쌈테 러스트 캬즈 쇼데

1207. 그것은 단지 형식적인 문제입니다.

۱۲۰۷ - آن مورد فقط ظاهری می باشد.

운 모레데 화가트 저헤리 미버쉐

1208. 저는 제가 필요한 것들을 모두 가졌습니다.

۱۲۰۸ - تمام وسایل مورد احتیاج در اختیارم می باشد.

타머메 바썰옐 모레데 에흐티어즈 다르 에크티어람 미버쉐

1209. 요즘 어떠세요?

۱۲۰۹ - اخیرا چطور هستید؟

아키란 체토르 하스틴?

1210. 저는 이런 환경에서 사는 것보다 오히려 죽는 것이 낫습니다.

۱۲۱۰ - بنظر من مردن بهتر از زندگی کردن در این محیط می باشد.

베나자레 만 모르단 베흐타르 아즈 센데기 캬르단 다르 인 모히트 미버쉐

1211. 만약 당신이 그것을 좋아하신다면 제가 당신께
그것을 선사하겠습니다.

۱۲۱۱ - اگر شما از آن خوشتان بیاید آن را به
شما هدیه میکنم.

아게 쇼머 아즈 운 코쉐툰 비어드 우너 베 쇼머 헤디예 미코남

1212. 그것은 이란에서는 보통 일어나는 일입니다.

۱۲۱۲ - در ایران آن اتفاق از اتفاقهای عادی می
باشد.

다르 이런 운 에테훠그 아즈 에테훠그허예 어디 미버쉐

1213. 저는 이미 그 문제에 대해 그와 타협하였습니다.

۱۲۱۳ - من قبلا درمورد این مشکلات با ایشان
مشورت کرده ام.

만 가불란 다르 모레데 인 모쉬켈러트 버 아순 마쉬바라트 캬르데암

1214. 저는 사전을 찾아보았습니다만 아무것도 이해할
수 없었습니다.

۱۲۱۴ - با اینکه توسط لغتنامه آن را پیدا کرده بودم
با این حال(ولی) معنی آن را درک نکردم.

버 인케 타바쏘테 로가트너메 우너 페이더 캬르데부담 버 인헐
(발리) 마아니예 우너 다르크 나캬르담

1215. 저것은 제외시킬 수 있습니까?

۱۲۱۵ - می شود آن را حذف کرد؟

미쉐 우너 하즈프 캬르드?

1216. 저는 그런 집 한채를 갖고 싶습니다.

۱۲۱۶ - دلم میخواهد صاحب چنین خانه ای باشم
(آرزوی تصاحب چنینخانه ای را دارم).

델람 미커드 써헤베 쵸닌 쿠네이 버 (어르주예 타써호베 쵸닌 쿠
네 러 더람)

1217. 이 지역에는 어떤 생산품이 있습니까?

۱۲۱۷ - در این محل چه محصولاتی وجود دارد؟

다르 인 마할 체 마흐쑬러티 보주드 더레?

Ⅲ 부록

1. 숫자

سه 3(세)	دو 2(도)	یک 1(엑)
شش 6(쉬쉬)	پنج 5(판즈)	چهار 4(쳐르)
نه 9(노)	هشت 8(하쉬트)	هفت 7(하프트)
دوازده 12(다버즈다흐)	یازده 11(여즈다흐)	ده 10(다흐)
پانزده 15(푼즈다흐)	چهارده 14(쳐르다흐)	سیزده 13(시즈다흐)
هجده 18(히즈다흐)	هفده 17(히프다흐)	شانزده 16(순즈다흐)
بیست و دو 22(비스토 도)	بیست 20(비스트)	نوزده 19(누즈다흐)
سی و یک 31(씨오 엑)	سی 30(씨)	بیست و چهار 24(비스토 쳐르)

☞ 이란어의 숫자는 문자와 달리 왼쪽에서 오른쪽으로 쓴다.

چهل
40(체헬)

پنجاه
50(판자흐)

شصت
60(쇠스트)

هفتاد
70(하프터드)

هشتاد
80(하쉬터드)

نود
90(나바드)

صد
100(싸드)

صد و یک
101(싸도 엑)

دویست
200(데비스트)

دویست و یک
201(데비스토 엑)

سیصد
300(씨사드)

پانصد
500(푼싸드)

هشت هزار
8000(하쉬트 헤저르)

هزار
1000(헤저르)

دو هزار
2000(도 헤저르)

بیست هزار
20000(비스트 헤저르)

ده هزار
10000(다흐 헤저르)

یک میلیون
1000000(엑 밀리윤)

اول
제1(아발)

دوم
제2(도봄)

سوم
제3(세봄)

چهارم
제4(쳐롬)

پنجم
제5(판좀)

ششم
제6(쉬솜)

نهم
제9(노홈)

دهم
제10(다홈)

چهاردهم
제14(쳐르다홈)

2. 세기, 년, 월, 주, 일

٢. روز، هفته، ماه، سال، قرن

세기(가른), 년(썰), 월(머흐), 주(하프테), 일(루즈)

일

روز سوم	روز دوم	روز اول
3일(루제 세봄)	2일(루제 도봄)	초하루(루제 아발)

روز ششم	روز پنجم	روز چهارم
6일(루제 쉬숌)	5일(루제 판좀)	4일(루제 쳐롬)

روز نهم	روز هشتم	روز هفتم
9일(루제 노홈)	8일(루제 하쉬톰)	7일(루제 하프톰)

روز یازدهم	روز دهم
11일(루제 여즈다홈)	10일(루제 다홈)

روز بیستم	روز پانزدهم
20일(루제 비스톰)	15일(루제 푼즈다홈)

روز سی و یکم

31일(루제 씨오 콤)

☞ 이란은 크게 3가지 종류의 曆을 사용한다. 서기력과
이슬람의 태양력과 태음력이다. 태양력의 1년은 12

개월로 처음 6개월 즉, 이란력의 6월까지는 31일이고, 그 다음 5개월 즉, 11월까지는 30일이다. 나머지 1개월 즉, 12월은 평년은 29일, 4년마다 오는 윤년은 30일이다. 이란력의 한 주간은 토요일부터 시작하여, 일, 월, 화, 수, 목, 금요일(우리의 공휴일과 같음)이 된다. 따라서 토요일에 모든 공무가 시작되고 목요일은 주말의 개념이 된다.

اویل ماه

초순 (아버옐레 머흐)

اواسط ماه

중순 (아버세테 머흐)

اواخر ماه

말엽 (아버케레 머흐)

주

شنبه

토요일 (샴베)

یک شنبه

일요일 (언 샴베)

دو شنبه

월요일 (도 샴베)

سه شنبه

화요일 (세 샴베)

چهار شنبه

수요일 (처르 샴베)

پنج شنبه

목요일 (판즈 샴베)

جمعه

금요일(좀에)

월

فوریه	**ژانویه**
2월(페브리예)	1월(전비예)
آوریل	**مارس**
4월(어브릴)	3월(머르스)
ژوئـن	**مه**
6월(주엔)	5월(메)
اوت	**ژوئیه**
8월(우트)	7월(주이예)
اکتبر	**سپتامبر**
10월(옥토브르)	9월(텀부르)
دسامبر	**نوامبر**
12월(데썸브르)	11월(노범브르)

☞ 서기력의 월명은 외래어가 되어 마치 고유명사처럼
사용한다.

اردیبهشت		فروردین
2월(오르디베헤쉬트)		1월(화르바르딘)
مرداد	تیر	خرداد
5월(모르더드)	4월(티르)	3월(코르더드)
آبان	مهر	شهریور
8월(어번)	7월(메흐르)	6월(샤흐리바르)
بهمن	دی	آذر
11월(바흐만)	10월(데이)	9월(어자르)
		اسفند
		12월(에스판드)

☞ 이란력의 월명들이다. 월들의 기간은 서기력으로 하
면 다음과 같다.

- 화르바르딘월(1월: 3월 21일 ~ 4월 20일)
- 오르디베헤쉬트월(2월: 4월 21일 ~ 5월 21일)
- 코르더드월(3월: 5월22일 ~ 6월 21일)
- 티르월(4월: 6월 22일 ~ 7월 22일)
- 모르더드월(5월: 7월 23일 ~ 8월 22일)
- 샤흐리바르월(6월: 8월 23일 ~ 9월 22일)
- 메흐르월(7월: 9월 23일 ~ 10월 22일)
- 어번월(8월: 10월 23일 ~ 11월 21일)
- 어자트월(9월: 11월 22일 ~ 12월 21일)
- 데이월(10월: 12월 22일 ~ 1월 20일)

- 바흐만월(11월: 1월 21일 ~ 2월 19일)
- 에스환드월(12월: 2월 20일 ~ 3월 20일)

년

1년	یک سال	엑설
반년	نیم سال	님설
한달	یک ماه	엑 머흐
반달	نیمه ماه	니메 머흐
이슬람력	هجری	헤즈리
음력	هجری قمری	헤즈리예 가마리
반나절	نیمه روز	니메 루즈
2년	دو سال	도 설
두달	دو ماه	도 머흐
서기력	سال میلادی	썰레 밀러디
양력	هجری شمسی	헤즈리예 샴시
보름	روز چهاردهم	루제 쳐르다홈

세기

9세기	قرن نه	가르네 노
15세기	سده پانزدهم	사데예 푼즈다홈
20세기	سده بیستم	사데예 비스톰
금세기	قرن حاضر(کنونی)	가르네허제르(코누니)

기타

모레	پس فردا	파스 파르더
오늘날	امروزی	엠루지
어제	دیروز	디루즈
다음주	هفته آینده	하프테예 어얀데
내일	فردا	파르더
오늘	امروز	엠루즈
그저께	پریروز	파리루즈
이번주	این هفته	인 하프테
저번주	هفته گذشته	하프테예 코자쉬테
이번달	این ماه	인 머흐

내년	سال آینده	설레 어얀데
작년	پارسال	퍼르설
예나지금	هم حالا هم گذشته	함 헐레 함 고자쉬테
지난날	گذشته	고자쉬테
오늘아침	امروز صبح	엠루제 솝흐
다음달	ماه دیگر	머헤 디갸르
저번달	ماه گذشته	머헤 고자쉬테
금년	امسال	엠설
과거	گذشته	고자쉬테
다음달	ماه آینده	머헤 어얀데
어제밤	دیشب	디샵
오늘밤	امشب	엠샵

3. 신체각부분

신체	بدن	바단
근육	ماهیچه	머히체
동맥	رگ	라그

얼굴	صورت	수라트
주름	چین و چروک	치노 쵸루크
눈썹	ابرو	아브루
코	بینی(دماغ)	비니(다머그)
입	دهان(دهن)	다헌(다한)
혀	زبان	자번
눈	چشم	체쉼
머리	سر	싸르
눈꺼풀	پلک	펠크
보조개	چال	철
혈관	رگ	라그
볼, 뺨	چهره	체흐레
입술	لب	랍
뇌	مغز	마그즈
정강이	ساق پا	서케 퍼
턱(코)수염	ریش(سبیل)	리쉬(쎄빌)
손바닥	کف دست	카훼 다스트

손목	مچ دست	모체 다스트
가운데손가락	انگشت میانی	안고쉬테 미여니
명치	گودی معده	구디에 메데
배	شکم	쉐캄
팔꿈치	آرنج	어란즈
허리	کمر	캬마르
큰창자	روده بزرگ	루데예 보조르그
위	معده	메데
목	گردن	갸르단
유방	پستان	페스턴
손	دست	다스트
맹장	آپاندیس	어연디스
발뒤꿈치	پا پاشنه	퍼 퍼쉬네
발가락	انگشت پا	안고쉬테 퍼
골격	استخوان	오스토훈
피	خون	훈
머리카락	مو	무

한국어	페르시아어	발음
눈동자	مردمک	마르도마크
속눈섭	مژه	모제
귀	گوش	구쉬
치아	دندان	단던
이마	پیشانی	피셔니
광대뼈	استوخوان گونه	오스토후네 구네
관자놀이	گیج گاه	기즈 거흐
콧구멍	سوراخ بینی	쑤러케 비니
정맥	ورید	바리드
피부	پوست	푸스트
틀이	دندان مصنوعی	단두네 마스누이
귓구멍	سوراخ گوش	쑤러케 구쉬
발	پا	퍼
턱	چانه	추네
아랫배	زیر شکم	지레 셰캄
넙적다리	ران	런
팔	بازو(دست)	버주(다스트)

엄지손가락	انگشت شصت	안고쉬테 샤스트
새끼손가락	انگشت کوچک	안고쉬테 쿠치크
결후(복숭아뼈)	قوزک	구자크
신장	قد	가드
등	پشت	포쉬트
십이지장	روده اثنا عشر	루데예 아스너셰르
심장	قلب	갈브
어깨	دوش (شانه)	두쉬(슈네)
췌장	لوزالمعده	루좀메데
궁둥이	کیل (تهیگاه، باسی)	케일(타히예 거흐, 버시)
발바닥	کف پا	카혜 퍼
발톱	ناخن پا	너코네 퍼
무릎	زانو	저누
발목	مچ پا	모쳬 퍼
겨드랑이	زیر بغل	지레 바갈
(여자의)생식기	کوس	코스
손가락	انگشت	안고쉬트

폐	شش	쇼쉬
배꼽	ناف	너프
무명지	انگشت حلقه	안고쉬테 할게
작은창자	روده کوچک	안고쉬테 쿠치크
간	جگر	제갸르
관절	مفصل	마프셀
(남자의)생식기	کیر	키르
손톱	ناخن	너콘
검지	انگشت نشان	안고쉬테 네션
인후, 목구멍	گلو	걀루
가슴	سینه	씨네
옆구리	پهلو	파흘루

4. 동물

동물	حیوان	헤이번
돼지	خوک	후크
말	اسب	아습

여우	روباه	루버흐
박쥐	خفاش	캇퍼쉬
얼룩말	گور خر	구르 하르
도마뱀	مار مولک	머르 물라크
양	گوسفند	구스판드
족제비	راسو	러수
개	سگ	사그
토끼	خر گوش	카르 구쉬
하마	اسب آبی	아스베 어비
고래	وال	벌
원숭이	میمون	메이문
코끼리	فیل	필
고양이	گربه	고르베
고슴도치	خار پشت	허르 포쉬트
소	گاو	거브
이리	گرگ	고르그
기린	زرافه	자러페

곰	خرس	헤르스
노루	آهو	어후
너구리	گورکن	구리
쥐	موش	무쉬
뱀	مار	머르
사자	شیر	쉬르
당나귀	خر	하르
유인원	میمون آدم وار	메이문 어담버르
카멜레온	آفتاب پرست	어프텁 파라스트
무소,코뿔소	کرگدن	캬르갸단
악어	سوسمار	수스머르
호랑이	ببر	바브르
표범	پلنگ	팔랑
염소	بز	보즈
다람쥐	سنجاب	산접
노새	قاطر	거테르

5. 생선류

생선	ماهی	머히
정어리	ساردین	설딘
오징어	ماهی مرکب	머히에 모락캅
해초(조)	علف دریایی	알라프 다르여이
문어	اختاپوس	에흐터푸스
낙지	هشت پا	하쉬트 퍼
넙치	ماهی پهن	머히예 파흔
연어	ماهی آزاد	머히예 어저드
전복	صدف گوشی	사다페 구쉬
새우	میگو	메이구
뱀장어	مار ماهی	머르 머히

6. 조류

새	پرنده	파란데
카나리아	قناری(بلبل زرد)	간너리(볼볼레 자르드)
갈매기	مرغ نوروزی	모르게 노루지

참새	گَنجشک	곤제쉬크
제비	پرستو	파라스투
비둘기	کبوتر	캬부타르
오리	اردک	오르다크
까마귀	کلاغ	칼러그
공작	طاووس	터부스
매	باز	버즈
딱따구리	دارلوب	더르룹
닭	مرغ	모르그
올빼미	بوف	부프
앵무새	طوطی	투티
꿩	قرقاول	가르거볼
칠면조	بوقلمون	부갈라문
학	لک لک	라크라크
백조	قوی سفید	가비예 세피드
독수리	عقاب	오겁
종다리	طوقی	투기

7. 곤충류

한국어	페르시아어	발음
벌레	حشره	하샤레
달팽이	حلزون	할라준
바퀴	سوسک	수스크
벼룩	کک	캬크
지렁이	کرم خاکی	캬르메 허키
나방	پروانه(بید)	파르버네(비드)
이	شپش	세페쉬
파리	مگس	마갸스
빈대	ساس	서스
모기	پشه	파셰
거미	عنکبوت	안캬부트
매미	جیر جیرک دشتی (زنجره)	지르지라케 다쉬티 (잔자레)
벌	زنبور	잔부르
개미	مورچه	무르체
귀뚜라미	جیر جیرک	지르지라크
잠자리	سنجاقک	산저가크

| 메뚜기 | ملخ | 말라흐 |
| 꿀벌 | زنبور عسل | 잔부레아살 |

8. 나무와 꽃

나무	درخت	데라흐트
수양버들	بید مجنون	비드 마즈눈
수선화	نرگش زرد	나르게세 자르드
동백나무	گل کاملیا	골레 컴메리여
물망초	گل فراموش نکن	골레 파러무쉬 나콘
꽃	گل	골
도라지	گل استکان	골레 에스테컨
대나무	خیزران	헤이자런
나팔꽃	گل نیروفر	골레 니루파르
국화	گل داودی	골레 더부디
장미	گل سرخ	골레 소르흐
선인장	کاکتوس	커크투스
벚꽃	شکوفه گیلاس	세쿠페예 길러스
민들레	گل قاصدی	골레 거세디

백합	لاله	럴레
뽕나무	درخت توت	데라흐테 투트
소나무	درخت کج	데라흐테 캬즈
해바라기	گل آفتابگردان	골레 어프텁갸르던
진달래	آرالیا	어럴리여
모란	گل صد تومانی	골레 사드 투머니
라일락	گل یاس	골레 여스

9. 야채류

야채	سبزی	사브지
버섯	قارچ	거르츠
감자	سیب زمینی	십 자미니
무우	ترب	토롭
파	پیازچه	피여즈체
호박	کدو	캬두
비트	چغندر	쵸간다르
콩종류	حبوبات	호부버트

한국어	페르시아어	발음
양파	پیاز	피여즈
토마토	گوجه فرنگی	고제 화랑기
가지	بادمجان	버뎀준
부추	تره	타레
박하향나는 야채	نعناع	나너
고추	فلفل قرمز	펠펠레 게르메즈
순무	شلغم	샬감
배추	کلم چینی	칼라메 치니
시금치	اسفناج	에스페너즈
죽순	جوانه خیزران	자버네 헤이자런
마늘	سیر	씨르
색갈을 입히는 열매	زعفران	자파런
당근	هویج	하비즈
상추	کاهو	커후
쓴맛나는 야채	شاهی	셔히
피망	فلفل دلمه ای	펠펠레 돌메이
양배추	کلم سفید	칼라메 세피드

컬리플라워	كلم	람
생강	زنجبيل	잔즈빌
옥수수	ذرت	조라트
강낭콩	لوبیا ی قرمز	뤼비여예 게르메즈

10. 과일류

과일	میوه	미베
사탕수수	نیشکر	네이셰카르
오렌지	پرتقال	포르테걸
배	گلابی	골로비
수박	هندوانه	헨두버네
바나나	موز	모즈
딸기	توت فرنگی	툽 화랑기
오얏	گوجه	고제
모과	به	베흐
감	خرمالو	호르멀루
자두	آلو	얼루

귤	نارنگی	너랭기
오이	خیار	히여르
파인애플	آناناس	어너스
체리	گیلاس	길러스
무화과	انجیر	안지르
포도	انگور	안구르
복숭아	هلو	홀루
망고	منگو	망구
돈레몬	لیموی شیرین	리무예 쉬린
대추야자	خرما	호르머
사과	سیب	씹
메론	خربوزه	하르보제
야차	نارگیل	너르길
신레몬	لیموی ترش	리무예 토르쉬
건포도	کشمش	케쉬메쉬

11. 자연현상

| 자연 | طبیعت | 타비아트 |

산꼭대기	سر کوه	싸레 쿠흐
화산	آتش فشان	어타쉬 훼션
절벽	پرتگاه	파르트거흐
골짜기	دره تنگ	다레예 탕
큰강	رودخانه	루드허네
지면	زمین	자민
산바닥	دامنه کوه	더마네예 쿠흐
산자락	زمین کوهستانی و بلند	자미네 쿠헤스터니 바 볼란드
고원	فلات	팔러트
폭포	آبشار	업셔르
호수	دریاچه	다르여체
늪	مرداب	모르덥
만	خلیج	할리즈
바위	صخره	싸크레
자갈	سنگریزه	상리즈
농지	کشتزار	케쉬트저르
홍수	سیل	쎄일

육지	خشکی	호쉬키
섬	جزیره	자지레
산마루	ستیغ کوه	세티게 쿠흐
평야	صحرا	싸흐러
연못	حوض	호즈
바다	دریا	다르여
해협	کانال	커널
곳	نقطه مکان	노그테예 마컨
돌	سنگ	쌍
수풀	جنگل	잔걀
지진	زلزله	젤젤레
폭풍우	توفان	투펀
해안	ساحل	써헬
파도	امواج	암버즈
흙	خاک	허크
마을	ده(روستا)	데흐(루스터)
바람	باد	버드

폭풍	طوفان	투펀
산맥	کوهستان	쿠헤스턴
고개	تپه	탑페
셈	چشمه	쳬쉬메
대양	اقیانوس	오그여누스
비탈길	راه پیچ و خمی	러헤 피쵸 하미
항구	بندر	반다드
모래	شن	셴
사막	کویر	캬비르
비	باران	버런
화재	آتش	어티쉬

12. 국명, 지명

미국	آمریکا	엄리커
중국	چین	친
노르웨이	نروژ	노르베즈
헝가리	مجارستان	마저레스턴
파리	پاریس	퍼리스

쿠웨이트	کویت	코베이트
미얀마	برمه	베르메
체코	چکوسلواکی	체코슬로버키
이스라엘	اسرائیل	에스러일
남한(한국)	کره جنوبی	코레예 조누비
스페인	اسپانیا	에스퍼니여
대만	تایوان	터이번
일본	ژاپن	저폰
아일랜드	ایراند	이런드
프랑스	فرانسه	파런세
페루	پرو	페루
북경	پکن	페칸
핀란드	فنلاند	판란드
아프카니스탄	افغانستان	아프거네스턴
덴마크	دانمارک	던머르크
이집트	مصر	메스르
터어키	ترکیه	토르키예

네델란드	هلند	홀란드
홍콩	هنگ کنگ	홍콩
루마니아	رومانی	루머니
이란	عراق	아러그
인도	هند	헨드
캐나다	کانادا	커너더
오스트리아	اطریش	오토리쉬
영국	انگلستان	엔겔레스턴
북한	جمهوری دموکراتیک خلق کره (کره شمالی)	

좀후리예 데모크러티케 할 게 (코레예 쇼멀리)

포르투갈	پرتقال	포르테걸
불가리아	بلغارستان	볼거레스턴
필리핀	فیلیپین	필리핀
두바이	دوبی	도베이
뉴질랜드	نئوزیاند	네오지언드
동양	شرقی	쇠르기
중동	خاورمیانه	커바르미여네

베트남	ویتنام	비트넘
싱가폴	سنگاپور	산거푸르
하와이	هاوایی	허버이
리비아	لیبی	리비
인도네시아	اندونزی	안도네지
호주	استرالیا	오스트럴리여
벨기에	بلژیک	벨지크
캄보디아	کامبوج	컴부즈
시리아	سوریه	수리예
폴란드	لهستان	레헤스턴
스위스	سوئیس	수이스
스웨덴	سوئد	수에드
파키스탄	پاکستان	퍼케스턴
멕시코	مکزیک	멕지크
런던	لندن	란단
러시아	روسیه	루시예
아르헨티나	آرژانتین	어르전틴

브라질	برزیل	베레질
워싱턴	واشنگتن	버샨톤
사우디아라비아	عربستان سعودی	아라베스터네 소우디
이란	جمهورن اسلامی ایران (ایران)	좀후리예 에슬러미예 이런(이런)
유럽	اروپا	오루퍼
서양	غربی	가르비
몽고	مغولستان	모골레스턴
이탈리아	ایتالیا	이털리여
그리이스	یونان	유넌
칠레	شیلی	실리
말레이지아	مالزی	멀레지
독일	آلمان	얼먼
모나코	موناکو	모너코
레바논	لبنان	롭넌

문예림 출판사 도서목록

NO	도 서 명	지은이
1	4주완성 독학 영어 첫걸음	박명석
2	4주완성 독학 일본어 첫걸음	외국어학보급회
3	4주완성 독학 중국어 첫걸음	지영재
4	4주완성 독학 프랑스어 첫걸음	조규철
5	4주완성 독학 스페인어 첫걸음	장선영
6	4주완성 독학 러시아어 첫걸음	박문식,최덕근
7	지구촌 영어 첫걸음	박명석
8	지구촌 독일어 첫걸음	김광요
9	지구촌 이태리어 첫걸음	허인
10	한국인을 위한 러시아어 첫걸음	강홍주
11	영어회화 고민 이제 끝냅시다! (1)	외국어학보급회
12	영어회화 고민 이제 끝냅시다! (2)	외국어학보급회
13	아낌없이 주는 영어	김용권
14	비즈니스 영어	김광훈
15	입에 술술 붙는 영단어	외국어학보급회
16	헷갈리는 영어 잡아먹기	류진식
17	톡톡튀는 신세대 영어 표현	문창호
18	패턴의 원리를 알면 영어가 보인다	Mark Wenzel
19	실용해외 여행 영어 회화	외국어학보급회
20	간편한 여행 영어 회화	외국어학보급회
21	여행자를 위한 지구촌 영어 회화	외국어학보급회
22	실용 일본어 회화	외국어학보급회
23	실용 중국어 회화	지영재
24	실용 독일어 회화	김광요
25	실용 서반어 회화	장선영
26	실용 아랍어 회화	오명근
27	여행필수 프랑스어 회화	이휘영

문예림 출판사 도서목록

NO	도 서 명	지은이
28	여행필수 독일어 회화	서석연
29	여행필수 이탈리아어 회화	허인
30	여행필수 러시아어 회화	박문신,최덕근
31	여행필수 베트남어 회화	김기태
32	여행필수 태국어 회화	이한우
33	여행필수 말레이 · 인도네시아어 회화	김영수
34	여행필수 중국어 회화	김신홍
35	여행필수 포루투갈어 회화	외국어학보급회
36	여행필수 네덜란드어 회화	김영중
37	여행필수 터키어 회화	김대성
38	6개국어 회화	외국어학보급회
39	4개국어 회화	외국어학보급회
40	배낭 일본어	서우석
41	배낭 유럽어	서우석
42	배낭 독일어	서우석
43	1000만인 관광 영어 회화	이정현
44	1000만인 관광 일본어 회화	이윤근
45	영문 편지 쓰는 법	이정현
46	프랑스어 편지 쓰기	조향덕
47	독일어 편지 쓰기	서석연
48	영어대조 중국어 회화	노동선
49	영어대조 프랑스어 회화	이휘영
50	영어대조 독일어 회화	김광요
51	영어대조 스페인어 회화	장선영
52	영어대조 러시아어 회화	박문신,최덕근
53	영어대조 태국어 회화	이한우
54	영어대조 이탈리아어 회화	허인

문예림 출판사 도서목록

NO	도 서 명	지은이
55	일본어 단어장	외국어학보급회
56	독일어 무역 통신문	박진권
57	PNdS 독해평가	서우석
58	PNdS 청취평가 구두시험	서우석
59	PNdS 핵심 독문법	서우석
60	최신 독일어	안사균
61	독일어 문법과 연습	김경찬, 서우석
62	노래로 배우는 독일어	정경량
63	표준 러시아어	이철
64	표준 러시아어 회화	강홍주
65	노브이 러시아어	김윤덕
66	영어도 함께 공부하는 최신 러시아어 문법	박진근
67	최신 중국어법 노트	김태성
68	Speaking Korean (46판)	외국어학보급회
69	Speaking Korean (포켓판)	외국어학보급회
70	스페인을 위한 한국어 회화	방준아
71	러시아인을 위한 한국어 회화	이윤근
72	프랑스인을 위한 한국어 회화	윤석만
73	독일인을 위한 한국어 회화	박진근
74	한국어 4주간	외국어학보급회
75	실용 한국어 회화	외국어학보급회
76	활용 한국어 회화	외국어학보급회
77	편리한 회화 수첩	외국어학보급회
78	계몽사조에서 마르크스 주의까지	장실
79	러시아어 펜맨십 강좌	외국어학보급회
80	한러 사전	최숭
81	러한사전	최숭

문예림 출판사 도서목록

NO	도 서 명	지은이
82	한러 러한 합본 사전	최숭
83	학습 노한 사전	마주르
84	노노대사전	오제코프
85	약어로 익히는 러시아어 사전	파그라쟌쯔
86	한이 사전	강민정
87	독한 입문 사전	서석연
88	한자 요결 사전	안승제
89	실용 중국어 사전	차경섭
90	영어회화 고민 이제 끝냅시다! (1) 테이프-3개	외국어학보급회
91	영어회화 고민 이제 끝냅시다! (2) 테이프-2개	외국어학보급회
92	한국인을 위한 러시아어 첫걸음 테이프-3개	강홍주
93	러시아인을 위한 한국어 테이프-2개	이윤근
94	영어대조 프랑스어 회화 테이프-3개	이휘영
95	영어대조 독일어 회화 테이프-3개	김광요
96	영어대조 태국어 회화 테이프-2개	이한우
97	여행필수 베트남어 회화 테이프-3개	김기태
98	여행필수 인도네시아어 회화 테이프-2개	김영수
99	여행필수 태국어 회화 테이프-3개	이한우
100	중국 그리고 실크로드	강현철
101	러시아를 알려면 지리노프스끼를 보라	김명호
102	블라지미르 지리노프스끼 그는 누군인가 ?	김명호